当代中国概览

金　帛著

五洲传播出版社

图书在版编目（CIP）数据

当代中国概览 / 金帛著. -- 北京 : 五洲传播出版社，2023.3

ISBN 978-7-5085-5016-9

Ⅰ. ①当… Ⅱ. ①金… Ⅲ. ①中国－概况 Ⅳ. ①K92

中国国家版本馆CIP数据核字(2023)第000345号

当代中国系列丛书

主　　编：武　力
出 版 人：荆孝敏
统　　筹：付　平

当代中国概览

著　　者：金　帛
责任编辑：王　峰
图片提供：中新社　CFP　FOTOE　东方IC
装帧设计：丰饶文化传播有限责任公司
出版发行：五洲传播出版社
地　　址：北京市海淀区北三环中路 31 号生产力大楼 B 座 6 层
邮　　编：100088
发行电话：010-82005927　010-82007837
网　　址：http://www.cicc.org.cn　http://www.thatsbooks.com
印　　刷：北京市房山腾龙印刷厂
版　　次：2023 年 3 月第 1 版第 1 次印刷
开　　本：710 × 1000 mm　1/16
印　　张：18.25
字　　数：280 千
定　　价：98.00 元

目 录

前言

中国是一个需要认识和了解的国家。作为当今世界上发展最快的国家之一，中国的经济发展之迅猛和社会变动之剧烈，举世罕见。中国的人口居世界之冠，因中国的发展，世界多了新的发展机遇。中国与世界的联系日益紧密。中国的发展离不开世界，世界的繁荣需要中国。

中国是一个值得认识和了解的国家。中国有五千年文明史，本土文化灿烂辉煌，是远古人类社会各种文明形态中惟一未曾中断并保持了连续性的国家。中国以独特的文化思维和表现，丰富和发展了人类文明。

中国是一个能够被认识和了解的国家。当今的中国，顺应历史潮流，向世界敞开胸怀，以海纳百川之伟气，兼收并蓄，与各国相互学习，相互借鉴。中国人民善良友好，笃信和平，真诚对待世界各国人民。

千百年来，外国人对中国的认识和了解从未中断过，其中不乏灼见。在不同的历史时期，中国给世人留下了不同的印象。

近400年前，葡萄牙传教士奥伐罗•塞默多（Alvaro Semedo）在其所著的《大中国志》一书中，对古代中国有如下描述：

这个国家人口众多，不仅村庄，连城镇都彼此在望，有些地方河流甚多，屋舍几乎连绵不绝……这个国家幅员辽阔，有不同的纬度和气候，所以盛产各种水果，大自然好像把分散在世界各地的水果都储存在那里。它的境内有供人生活的必需用品，及各种美好的东西，它不仅用不着向别的国家讨乞，而且还有（又多又好的）剩余满足邻近和遥远国家的需要，这些国家一直希望来访问和参观。它的主要粮食是全世界用得最多的，即小麦和大米。有些国家常用这一种，或另一种，而中国则两种都大量生产。

几十年前，美国著名汉学家费正清（John King Fairbank）在《中国：传统与变迁》一书中，对传统中国社会有如下分析：

尽管对中国这么一个庞大、古老而多样化的社会作出几点概括往往会产生误导作用，但对外国观察者来说，仍须牢记以下几点：首先，中国社会的基本单位是家庭而非个人、政府或教会。每个人的家庭都为他们提供了主要的经济支持、安全、教育、交际及娱乐活动。中国的伦理体系并不指向上帝或国家，而是以家庭为其中心的。在中国，社会行为规范来自家庭制度本身蕴含的忠贞诚善等个人品德。法律是进行管理的必需工具；而个人道德却是社会的基础。中国社会远未因为法律观念淡薄而导致无政府状态，恰恰相反，它靠儒家思想紧密地结成一体。

几年前，美国兰德公司亚太政策中心负责人威廉•奥韦霍尔特（William Overholt）在《中国与全球化》一文中，对当代迅速发展变化的中国有如下评论：

中国正经历的社会调整是难以形容的。但由于中国一直心甘情愿地进行这种调整，人类历史上从来没有哪个大国能这样突飞猛进地提高生活水平和改善劳动条件。法治局面的形成、竞争意识的增强、英语的广泛运用，外国教育模式的推广以及许多外国法律制度的引进，不仅完善了中国的制度习俗，而且改变了中国的文化教养。

当代中国正在发生广泛而深刻的变革。随着中国改革开放的深入和进一步加入经济全球化进程，中国与世界的关系日趋紧密，认识中国日渐成为世人的一种时尚。希望本书能为那些急于了解中国基本情况的读者打开一扇阅读中国的窗口。

中国的地理与“中国”的人文含义

中国有句俗语“一方水土养一方人”，揭示了自然环境对一个国家发展和民族生存的意义。

中国作为一个统一的多民族国家，特殊的地理环境使它在形成和发展过程中，明显地表现出内向和内聚的特点。

地理和气候特征

中国位于地球东半球的北部，亚洲大陆的东部，东临太平洋，是一个海陆兼备的国家。中国疆域辽阔，陆地面积约 960 万平方公里，约占地球陆地面积的 1/15，亚洲的 1/4，小于俄罗斯和加拿大，大于美国、

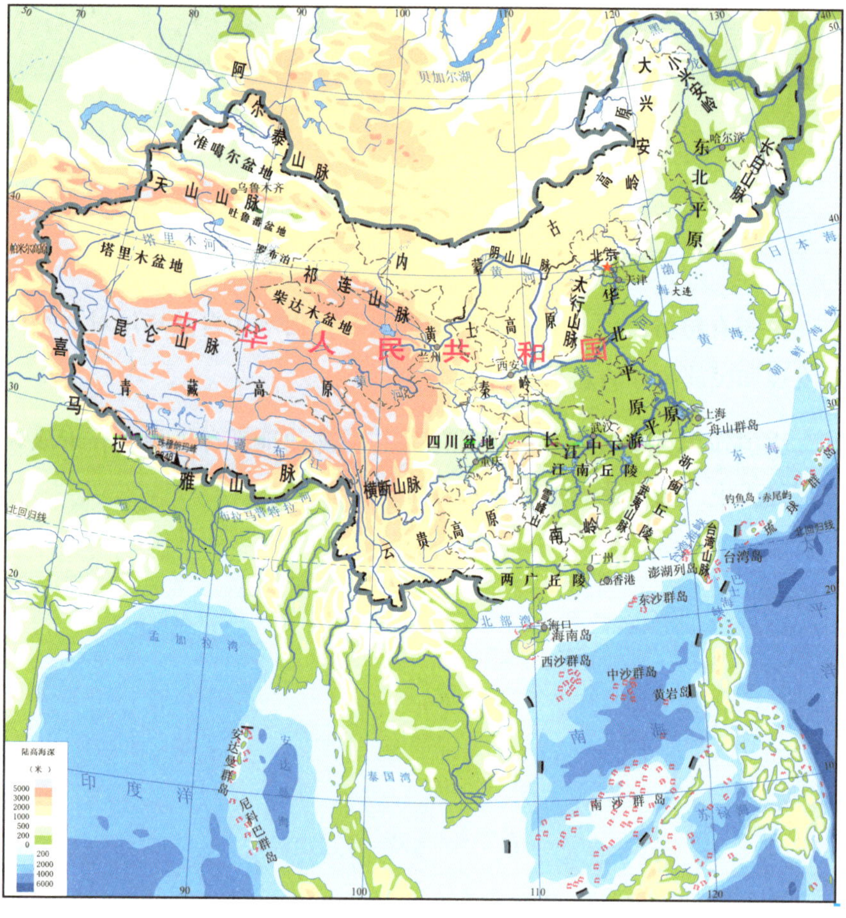

中国地形示意图

澳大利亚，与欧洲相当。中国的陆上疆界长达22000多公里，大陆海岸线长达18000多公里，与15个国家相邻，与6个国家隔海相望。

中国的地势呈西高东低的阶梯状，直到大海。中国地理形态丰富，山脉、高原、盆地、平原、湖泊、丘陵等一应俱全，形成各具特色的地貌区域。中国多山，西有喜玛拉雅、昆仑、天山、祁连、阿尔泰等山脉，中有横断、大巴、太行、阴山等山脉，东有武夷、长白等山脉，山区面积占全国总面积的2/3。这些高大山脉海拔从几百米到几千米不等，构成网络状，如同脊梁撑起中国的地貌轮廓。盆地多位于西部，主要有准噶尔、塔里木、柴达木、四川等四大盆地。高原主要位于西部和北部，有被称为“地球第三极”和“世界屋脊”的青藏高原以及云贵、黄土、内蒙古等高原。东北平原、华北平原和长江中下游平原是中国的三大平原，都位于地势较低的东部地区。中国的丘陵多分布在东南地区。美国汉学家费正清在比较了中国与欧洲、北美洲、印度

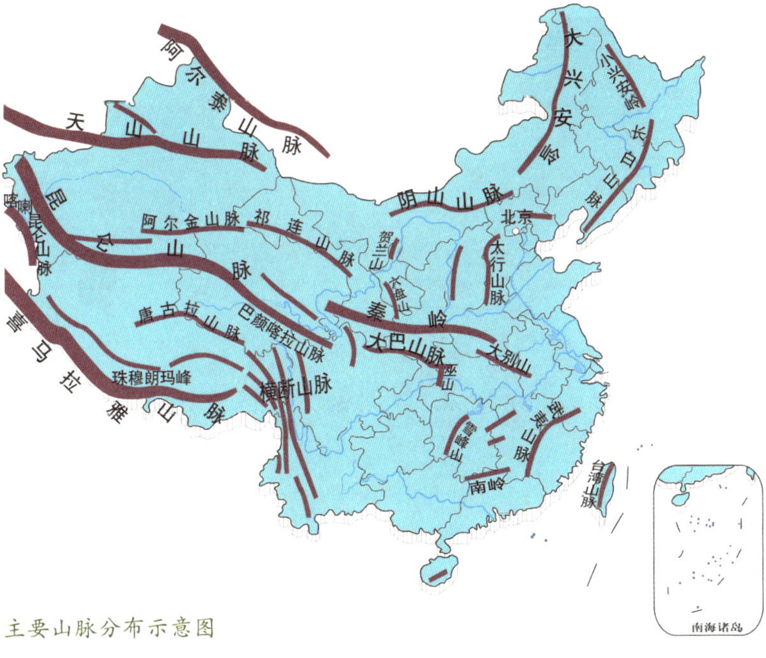

中国主要山脉分布示意图

后认为：中国在地理上缺乏地中海或广阔的平原所提供的便利交通；中国的华北平原远小于印度北部的平原，更不用说北欧大平原和北美的中西部平原了。

中国多河流，主要水系有长度及流量均居世界前列的长江，以及黄河、珠江、黑龙江等。与北美洲的河流基本由南向北、中亚地区的河流基本由北向南不同，中国的众多河流基本依地势的倾斜自西向东或东南汇入大海。这些河流从高处流到低处时，产生了巨大的水能资源。

中国的国土从北纬 50 度一直延伸到北回归线以南，大部分国土的纬度都在欧洲以南，与美国基本相当。中国的气候呈明显的多样性，绝大部分地区处于温带、暖温带和亚热带，气候温和，四季分明。大陆性季风气候是中国气候的主要特征。夏季盛行东南风，炎热多雨，气温比世界同纬度的其他地区偏高；冬季多偏北风，寒冷干燥，气温又比同纬度的其他地区偏低。

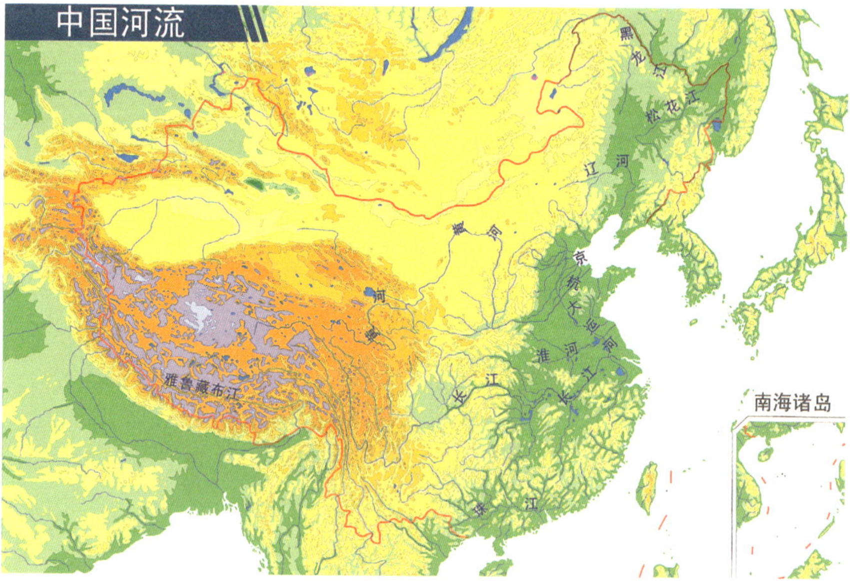

中国主要水系示意图

当干冷的大陆气团与潮湿的海洋气流在中国交汇时，便产生了主要的降雨。以淮河—秦岭—青藏高原东南边缘为一线，其东与南年降水量在 800 毫米以上，其北与西则不足 800 毫米；越向西北方向，降水越少，最少的塔里木盆地不足 50 毫米。降水量呈明显季节变化特点，集中在夏季，南方雨季长，集中在 5—10 月，北方雨季短，集中在 7—8 月。

地理环境与内向发展的特点

中国的东方和东南方，从北向南依次是渤海、黄海、东海和南海，海岸线漫长。

中国的北方，是辽阔的蒙古高原，并被大沙漠、戈壁和阴山山脉分割为内蒙古（漠南）和外蒙古（漠北）两片。而在蒙古高原以北，则是东西走向长达几千公里的山脉，山脉再向北，就是寒冷的西伯利亚。面对这种特殊的地理环境，草原上的民族在寻求发展机遇时，只能走向高原的南部，即黄河和长江流域的中原地区。古时生活在蒙古高原上的民族多为游牧部落，他们被中原的地理环境和文化所吸引，一直具有南下趋势，其中有的还南下中原建立了政权。

海南三亚的天涯海角被古时的中国人视为地之尽头。

青藏高原的高山高耸入云。

中国的东北，西有大兴安岭与蒙古高原相隔，北有小兴安岭，东有长白山山脉，再向东是浩翰的太平洋，位于这些山海之间的是辽阔的东北平原。在东北之南，沿着渤海之滨，是一条狭长的走廊。这条走廊成为连接东北与中原的一条极为重要的道路。历史上，起源于中国东北的民族，大多沿着这条走廊南下西进，寻求到富庶的中原地带发展。中原地区的汉族，也常常沿着这条走廊来到东北平原，开拓新的生存之路，并将中原地区的先进文化带到这里。

中国的西北，边疆一带是难以逾越的崇山峻岭和荒漠戈壁，构成了一道天然屏障。这里北有唐努山和阿尔泰山，西有海拔在4000米以上的帕米尔高原，南有巍巍昆仑山脉，再向南是生存环境较差的青藏高原。生活在这里的各民族要想得到更好的发展，向东是最好的选择，而东部中原地区也能够为这里的发展提供必要的物质条件。古时这里的各民族通过蒙古高原和河西走廊（今甘肃西部祁连山以北的狭长地带，因在黄河之西而得名），与中原地区的交流非常密切，在文化上与中原地区形成了互补。

中国的西南，在边陲上横亘着海拔 5000 米以上的喜玛拉雅山脉和谷深水急的横断山脉，并与青藏高原和云贵高原相依，是古代交通最不方便的地区，“峰迹连天，飞鸟不通”。这里是中国少数民族最为集中的地区，有几十个少数民族在此生活，他们历来的主要发展取向也都是走向东北的中原地区。

地理环境使得中国古代各民族向外发展受到天然的限制，有些甚至是难以逾越的，这就迫使周边各民族向内发展；而中原地区适合人类生存的一些优势和条件，如气候温和、物产丰富、文化繁荣等，更是吸引了中国四周各民族的内聚倾向。同时，中原政权稳定的政治统治和对各民族采取的有效的政策，也促进了各民族的内向发展。

“中国”的由来和含义

“中国”在英文中写作“China”。为什么这样写？看法不一。有的认为中国古代以瓷器闻名于世，而“瓷”在英文里即为“china”，于是人们便以此来称呼中国。还有的认为这是中国历史上第一个封建王朝秦（Chin）朝的音译，代表着古代中国强大时期的特征。不管怎样，“中国”一词的语源，大体是通过对中国古代具有代表性的一种事物或情况的概括而转化为对一个国家的认识。

据历史学家考证，中国的先人早在3000多年前就使用“中国”一词了，它最早反映的是传说时代居住在黄河中游的部落控制的区域。在漫长的历史发展中，中国一词的内涵也在不断扩大。在古代，中国

2013年2月，中国国家博物馆水下考古成果展上展出的福建平潭碗礁1号清代沉船发掘出水文物——青花瓷。

不是一个国家概念，它只是一个表现一定地域的概念。这个地域并不是国家的全部，而仅仅是指其中心部分。2500多年前的中国古典文献《春秋》中称："中国，京师也。"同时期的另一古典文献《诗经》称："惠此中国，以绥四方。"这里的"中国"意指首都，实际上是驾驭"四方"的核心，而"四方"则是中原以外的广大地区，包括边疆各少数民族地区。

在古代，东亚这一区域整个国家的概念是以"天下""四海""海内"等词来称呼的，并与"中国"一词同时存在和使用。在古代中国人的观念中，"天下""四海""海内"既包括中原地区，也包括周边的少数民族地区。所以，在中国古代才有"得民心者，得天下"的说法，也有"天下一家""天下归一"的说法，还有"四海之内皆兄弟"和"海内存知己"的说法。在那时，皇（王）权被认为是高于一切的，无所不及，无处不达，统辖控制着在认识上能够到达的所有地区，正所谓："溥天之下，莫非王土，率土之滨，莫非王臣"。因此，在古代中国，

北京故宫博物院，旧称紫禁城，15世纪至20世纪初一直是中国封建王权的统治中心。

“天下”才是国家，也才是今天所说的中国。她在地域上应包括中国各民族的地区，在政权上应包括各民族建立的中原与地方政权。

中国古代朝代之多，更替之频，在世界各国中少见。为表明每一朝代的正统地位，中国的历代王朝，其国号都以朝代名称命名，如“大汉”“大唐”“大宋”“大元”“大明”“大清”等。早期西方国家在与中国接触时，有以“明国”和“清国”等来称呼中国的，也有“唐人”“清人”等说法，这些大体上是对古代中国国家和中国人的一种印象描述。

在中国，把“中国”一词作为整个国家的名称，以此代表一个国家，成为“民族国家”概念，还是近 100 年来的事情。1911 年中国人民推翻了最后一个君主专制政权——清朝，成立了中华民国，“中国”一词才成为具有现代国家意义的正式名称。

在今天，“中国”一词已成为中华人民共和国的简称。她是一个由 56 个民族组成的统一的多民族国家，行政区域划分如下：

中山书院浮雕。1912 年 1 月 1 日，孙中山在南京总统府举行就职典礼，中华民国成立，开启了中国历史的新纪元。

全国分为省、自治区、直辖市；

省、自治区分为自治州、县、自治县、市；

县、自治县分为乡、民族乡、镇。

目前，中国有34个省级行政单位，包括23个省、5个自治区、4个直辖市和2个特别行政区。

中国的首都是北京。

中国政区图

中国省级行政区划简表				
名称	简称	行政中心	面积 万平方公里	人口 万人
北京市	京	北京	1.68	1961
天津市	津	天津	1.13	1294
河北省	冀	石家庄	19.00	7185
山西省	晋	太原	15.60	3571
内蒙古自治区	蒙	呼和浩特	119.75	2471
辽宁省	辽	沈阳	14.57	4375
吉林省	吉	长春	18.70	2746
黑龙江省	黑	哈尔滨	46.90	3831
上海市	沪	上海	0.62	2302
江苏省	苏	南京	10.26	7866
浙江省	浙	杭州	10.18	5443
安徽省	皖	合肥	13.90	5950
福建省	闽	福州	12.00	3689
江西省	赣	南昌	16.66	4457
山东省	鲁	济南	15.30	9579
河南省	豫	郑州	16.70	9402
湖北省	鄂	武汉	18.74	5724
湖南省	湘	长沙	21.00	6568
广东省	粤	广州	18.60	10430
广西壮族自治区	桂	南宁	23.77	4603
海南省	琼	海口	3.40	867
重庆市	渝	重庆	8.20	2885
四川省	川、蜀	成都	48.40	8042

贵州省	贵、黔	贵阳	17.00	3475
云南省	云、滇	昆明	39.40	4597
西藏自治区	藏	拉萨	127.49	300
陕西省	陕	西安	20.50	3733
甘肃省	甘、陇	兰州	45.00	2558
青海省	青	西宁	72.00	563
宁夏回族自治区	宁	银川	6.28	630
新疆维吾尔自治区	新	乌鲁木齐	165.58	2181
香港特别行政区	港	香港	0.1104	710
澳门特别行政区	澳	澳门	0.0028	55
台湾省	台	台北	3.60	2316

注：中国内地各省级行政区人口数为 2010 年第六次全国人口普查结果。香港、澳门人口数为香港、澳门特别行政区政府提供的 2010 年底数据。台湾地区的人口数为台湾地区有关主管部门公布的 2010 年底的户籍登记人口数据。

中国的东西南北中

中国地理形态的多样和各地气候的明显差异，不仅影响着不同区域人民的生产方式，如选择农耕、牧业、渔猎，而且还影响着人们的生活方式，如习俗、生活情趣等，甚至对不同区域人民的体格和性格也产生着影响。

人们谈到中国人时，经常会出现南方人、北方人、东北人、西北人等说法，以示在不同的自然环境条件下人类生存发展所展现出的不同特征。

在传统中国，南方与北方，东部、西部与中部，在生产方式上有很大的不同，这种不同有的至今存在。总体而言，南方与东部的自然条件更适合发展农业，兼有渔业；北方和西部的自然条件更适合发展牧业，兼有农业。

浙江嘉善县西塘古镇体现了江南水乡的特色。

南方和东部主要是丘陵、平原和湖泊，大的山脉相对较少。这里气候温和，日照充足，降雨充沛，利于灌溉，宜于种植水稻，且可以一年收获两季，也便于水上运输和渔猎。特别是东南地区，历来有“鱼米之乡”的美誉。这里水乡遍地，居住在这一地区的人们又被称为“水上人家”。历史上这里的发展较北方更为富庶，除非发生特大水灾，生活基本是安逸的，因此这一地区人口众多，村镇密集。这里的人民勤劳善良，性情温和委婉，呈现江南文化特点。

而在北方和西部，山脉纵横交错，高原众多，占据相当大的面积。这里大陆型气候明显，气温比南方寒冷，自然环境较南方和东部要严酷得多。历史上这里以牧业为主，并在适合农作物生长地区种植小麦、玉米、高粱等。北方的河流多季节性，大多数无法航运。在古代中国，这一地区主要的运输工具就是牲畜。西北部地区地域广阔，人口较少。受严酷的自然环境影响，历史上北方地区经常发生饥荒，生活较为艰苦，这也使得这里的人民性格粗犷豪放，坚强刚毅。

青海省海北藏族自治州祁连山风光

南北方人民性格的差异在中国古代文学里也得到了较充分的反映。以下这首中国古代南朝（420—589）时的民歌，笔法细腻，表现了一个女子对爱情的忠贞，怨恨对方对爱情不专一：

侬作北辰星，千年无转移。

欢行白日心，朝东暮又西。

与南朝同时的北朝（439—581）的一首民歌，则形象地表现了北方游牧民族的生活环境，气象雄伟、豪放开阔：

敕勒川，阴山下，

天似穹庐，笼盖四野。

天苍苍，野茫茫，

风吹草低见牛羊。

内蒙古呼伦贝尔草原

在今天的中国，为促进区域经济协调发展，国家提出了推进西部大开发、振兴东北老工业基地、促进中部地区崛起、鼓励东部地区率先发展等战略。这里的西部、东北、中部、东部，都是特定的地理概念。

中国的西部地区包括重庆、四川、贵州、云南、西藏、陕西、甘肃、青海、宁夏、新疆、内蒙古、广西 12 个省（自治区、直辖市），面积 685 万平方公里，占全国的 71%；2010 年人口为 36038 万人，占全国的 27.04%。

中国的东北地区包括辽宁、吉林、黑龙江 3 个省，面积 79 万平方公里，占全国的 8.2%；2010 年人口为 10952 万人，占全国的 8.22%。

中国的中部地区包括山西、河南、湖北、湖南、安徽、江西 6 个省，面积 102.7 万平方公里，占全国的 10.7%；2010 年人口为 35672 万人，

占全国的26.76%。

中国的东部地区包括北京、天 北、山东、江苏、上海、浙江、福建、广东和海南10个省（直辖市），面积91.3万平方公里，占全国的9.5%；2004年人口为50616万人，占全国的37.98%。

早期的中华文明

迄今还没有证据表明中国人的祖先来自域外。

目前能够证明中国存在的最早人类，是上世纪 60 年代在中国西南部的云南省元谋县发现的元谋人，距今约 170 万年，属于直立人。现已发现的是同一个体元谋人的两颗上门齿化石，并出土了文化遗物和带有人工痕迹的动物骨片，以及可能是人工用火的遗迹。同样是在上世纪 60 年代，还在中国中西部的陕西省蓝田发现了距今约 80 万年至 60 万年的蓝田人，也属直立人。

中国古人类研究的一次重大发现发生在上世纪 20 年代后期，这便是 1927 年首次在北京西南约 50 公里处的周口店龙骨山发现的北京人，距今约 50 万年至 20 万年，为直立人。北京人的牙齿和颚骨缩小，脑

北京人复原像

云南元谋人遗址纪念碑

山顶洞人复原像

浙江余姚河姆渡遗址出土的石斧

容量增加，其体质形态，如四肢骨的大小、形状、比例和肌肉附着点等，与现代人相近，身高约 156 厘米。北京人的门齿的舌面为铲形，呈蒙古人种特征。在北京人的洞穴中还发现了 10 万多件石器、石片及大量动物化石，说明北京人已能用石器进行简单的生产劳动。同时发现了许多用火的痕迹。北京人被发现 10 年后，1937 年日本发动全面侵华战争，由于中国大片国土沦陷，北京人头盖骨在转移途中不幸失踪，至今下落不明。

在距今 20 万年至 10 万年的“早期智人” 阶段，也就是“古人”阶段，中国已发现的代表性人类化石有位于南部广东省曲江的马坝人，位于中南部湖北省长阳的长阳人，以及位于北部山西省襄汾的丁村人等。其中在丁村人的遗址中发现了 2000 多件石器，具有代表性的是石球和厚三棱尖状器，制作技术已比北京人进步。

中国的西南、西北和华北等地，都发现了距今约 10 万年至 1 万年的“晚期智人”阶段（或“新人阶段”）的人类化石和活动遗迹，其中以上世纪 30 年代初期在北京周口店龙骨山发现的山顶洞人较有代表性。山顶洞人生活的时间距今约 18000 年，在体质形态上已基本消除了猿的特征，和现代的人基本相同。所制作的石器有的已相当精致，并出现了装饰品和缝补用的骨针，这说明当时已掌握钻孔、磨制等技术，具有了爱美的观念。发现的鱼骨等多种动物化石，证明了在山顶洞人的经济生活中已有渔猎和采集内容。

在经历了 100 多万年的进化和发展之后，大约在距今 8000 至 5000 年之间，人类的活动在中国境内大多数地区都出现了。此时的人类开始走出山洞，来到平原等低洼地区，从事锄耕农业，并定居生活，由此中华文明便进入了原始时期。 水是生命之源，也是文明之源。当人类的经济活动由渔猎和采集为主转向以农耕为主时，水就更为重要了。如果说，底格里斯河和幼发拉底河产生了美索不达米亚文明，尼罗河孕育了古埃及文明，印度河造就了古印度文明，爱琴海哺养了古希腊文明，那么，黄河、长江这两条东亚大河流则滋养了中华文明。

黄河是中国的母亲河及华夏文化的发源地。图为黄河壶口瀑布。

黄河是中国的第二大河，横贯中国北方，干流流经9个省区，流域面积75万平方公里，是中华文明的发源地，被称为中国的母亲河。在黄河流域，考古发现的文化遗址很多，遍布黄河中上游和下游，如仰韶（河南省）文化、齐家（甘肃省）文化、大汶口（山东省）文化、龙山（山东省）文化等，每一类文化又有多处遗址发现。长江是中国第一大河，流域面积180多万平方公里，约占全国国土面积的1/5，在长江中下游地区，也有多处文化遗址被发现，影响较大的有河姆渡（浙江省）文化、良渚（浙江省）文化、青莲岗（江苏省）文化等。在中国东北部的辽河流域，还发现了红山文化。大量文化遗址的发现表明，在这一时期，中国人不仅自身条件和生产、生活不断得到发展，而且活动的范围更大了。

农耕经济的发明和积累，是中华文明原始时期的标志。出现原始农耕文明是上述各类文化遗址所表现的共性。当时在社会经济形式中，农业已占有相当的比重，同时饲养家畜，并兼营渔猎和采集。距今

中国农业博物馆展出的河姆渡文化生活场景。

河南郑州黄河岸边的炎黄二帝雕像

5000—6000年的仰韶文化时种植的农作物主要是粟，在属仰韶文化的半坡遗址的一个灰坑中，发现的粟多达上百公斤。在反映公元前4300至前2500年的大汶口文化的一个遗址中，发现了1立方米左右的粟粒。在河姆渡文化（公元前5000—前3300年）的一个遗址中，发现大面积稻谷遗存。农业生产工具（主要是石器）也得到了长足的发展。

与农业文明紧密相关的是手工业有很大的发展，这也是原始文明产生所不可或缺的。上述遗址中发现的石器磨制得更加精致，种类也很多，有石斧、石铲、石刀等，并有专用收割谷物的石镰等。为满足人们的多种生活需要，陶器的种类也多起来。

类似文字的符号的出现，是人类文明产生的又一个重要标志。在这一时期有的文化遗址出土的陶器上，出现了表示刻划者一定意向的符号，这些符号与后来中国最早的文字甲骨文颇为相似，被认为是中国文字的萌芽。

社会经济方式的变化必然导致社会组织结构的发展。农业文明的出现使人类的定居生活成为可能，而定居生活又促使了族外婚的出现，几个血缘相近的民族组成胞族，再由几个胞族组成部落，最后由几个部落组成部落联盟。中国历史传说中的炎帝、黄帝便是在这一时期形成的部落和部落联盟的首领。他们通过建立军队并发动战争，设立必要的议事机构，以及组织部落管理部门等活动和方式，来扩大和发展部落、部落联盟，从而形成中国国家的雏形。

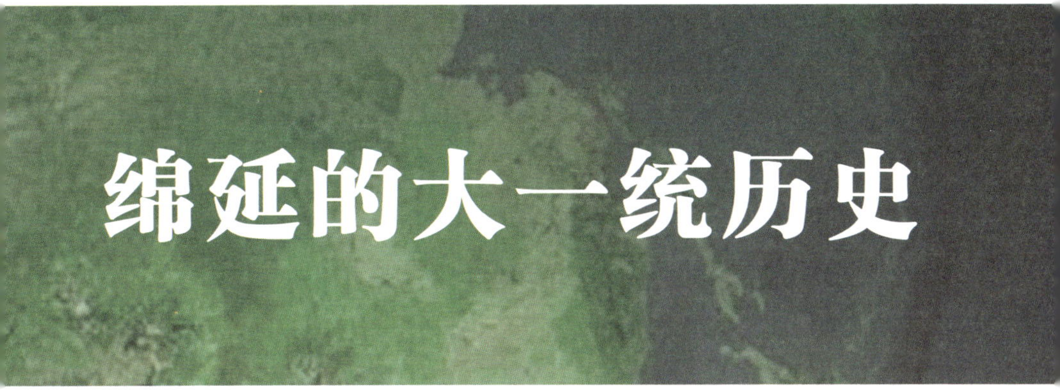

绵延的大一统历史

夏、商、周……秦、汉……魏、晋……隋、唐……辽、宋、夏、金、元、明、清，这些都是中国古代各个朝代的名称，其间还有多朝代并存的情况。中国古代朝代之多和更替之频，在世界各国历史中是少见的。

中国古代的朝代更替始终围绕王权或皇权展开，旧朝代的结束便是旧王权或皇权的结束，新朝代的建立便是新王权或皇权的建立。如此周而复始了近4000年，直到20世纪初，中国才建立近代意义上的国家。王权或皇权高于一切和不可侵犯，由一姓家族统治百姓平民，是中国古代帝王政治一个基本特征。

中国古代的朝代更替始终是以汉族为主并有少数民族参与进行的，其间有统一，也有分裂，但总的趋势是统一，并且始终以中原文化为主导。朝代更迭并没有使中国的历史传承中断，相反中国各朝代十分明确地体现出相传相袭的特点，保持了中华文明的完整性。在漫长的历史发展中，中华文明不断地得到继承和弘扬，一脉相承，虽然也遭到外来入侵，但未被其他文明所取代。绵延不断和大一统，是中国古代历史和世界其他国家历史的主要区别。

传说中相传相袭的历史

“自从盘古开天地，三皇五帝到于今。”这是在中国经常听到的一句话，反映了中国历史从传说到真实、从过去到今天的一贯性。

“盘古开天地”，是中国古代流传下来的“创世说”，表达了古代中国人对天地起源的一种想像和认识。传说很久以前，宇宙是一团混沌。一天，有一个叫盘古的人举起大斧向黑暗劈去，随之轻而清的东西上升变成了天，重而浊的东西下降变成了地。此后，天逐渐升高，地不断加厚。为使天地不再合到一起，盘古以双手托天，以双脚踏地，在天地间支撑了18000年，最终形成了天和地，而盘古也因耗尽了力气倒地绝命。

《圣经》中有上帝创造人类之说。而在中国，传说中的人类之母是女娲。盘古开天地后，大地荒凉，没有生机，人首蛇身的天神女娲在清澈的水池边，用黄泥做成一个泥娃娃，结果泥娃娃变成了活生生的人，于是她又造出许多男人、女人。为了使人类能够生存繁衍，女娲还为男人和女人建立了婚姻关系，以生儿育女。

“三皇五帝”是传说中的中国人的始祖，也是中华文明的创造者。通常认为“三皇”是指燧人、伏羲、神农，或者称天皇、地皇、人皇；“五帝”通常指黄帝、颛顼、帝喾、唐尧、虞舜。

中国上古时代的传说，大致始于氏族部落时期。相传在距今约一万年以前，一个发源于今中国西部昆仑山脉的被称为燧人氏的部落，来到祁连山一带的河西走廊发展。他们发明了“钻燧（燧木）取火”，使人类的食物由生变熟，减少了疾病，并增强了御寒能力。燧人氏由此被尊为“天皇”。

燧人氏之后，距今约 1 万年至 7000 年前，相传是伏羲氏时代。伏羲创天文历法，饲养牲畜，培育谷物，发明文字，是上古时期中国自然人文科学的集大成者，因此受到当时各氏族的拥戴，成为百王之首，被尊为“人皇”。传说这一时代天上破了一个大洞，造成天下大乱，洪水、大火等灾害使人们无法生存，为拯救人类，女娲烧炼了五色石，历尽艰辛把天补好，使天下重新恢复了安宁。这便是中国古代流传的“女娲补天”的故事。

传说继伏羲氏之后，在距今约 7000 到 6000 年前，出现炎帝部、黄帝部、蚩尤部等有影响的部落联盟。炎帝部居于姜水流域（相当于今陕西省以东地区），以姜为姓。炎帝即神农氏，为中国远古时代农

女娲伏羲图

业和医药的发明者，教民使用农具和耕种，并曾尝百草，发现药材，教人治病。神农氏是中国农耕文化的创始人，被尊为“农皇”，而农又以地为本，所以又被尊为“地皇”。黄帝部居于姬水流域（生活区域大致与炎帝部相当），以姬为姓，号轩辕氏、有熊氏。黄帝部也有许多有才能的人，有很多发明，相传发明了养蚕、舟车、文字、音律、医学、算术等。蚩尤部也称九黎，居于长江与淮水之间。在各部落和部落联盟中，炎帝、黄帝两部落联盟居于主导地位，其发明创造对后世影响重大，因此，“炎、黄”也就代表了中华民族的祖先，中国人便自称为炎黄子孙。直至今日，每年春天，人们都要在位于今陕西省内的黄帝陵进行祭祖。

黄帝之后，在距今约4000年前，洪水频发，水患严重，危及人类生存，中国民间流传的“大禹治水”的故事便发生在这个时期。相传当时大雨倾盆，洪水滔天，百姓受难，饿殍千里。居住在黄河中游的一个历史悠久的部落首领鲧奉命治水，但因治水无力，被舜帝杀死。

农历九月初九的祭黄帝陵大典

广州越秀公园里的大禹治水雕塑

舜帝命鲧之子禹继续治水。禹汲取了父亲治水的教训，把以堵为主改成以疏为主，不仅消除了洪水之灾，还为发展农业生产创造了有利条件。每每为后人称赞的是，禹在外治水十几年，多次过家门而不入。中国古文献记载的尧、舜、禹“禅让时代”（平稳并顺利地将权力转让给其他氏族部落首领），也出现在此时。尧为部落联盟领袖，在他年老时，选择舜为继承人，并经部落首领会议同意，传位给舜。后来舜又传位给禹，禹实际已是帝王，国号夏。

古代国家共同体的形成

夏、商、周，在中国被称为“三代”，是中国先民的命运共同体，也是中国的早期国家形态。

中国古代历史上第一个具有国家性质和意义的政权是夏朝，出现在约公元前 2070 年至前 1600 年之间。夏是一个奴隶制国家，其建立标志着中国历史正式进入文明时代，并开创了王朝由一家一姓世袭的先例。夏源于夏族，本是居于黄河中游的一个古老部落。禹即位后，夏的势力不断发展。夏朝的中心地区在今河南西部和山西南部。夏时，被征服的氏族或部落的土地归国有，其居民则变成奴隶。禹死后其子启夺得王位，他废除“禅让”制，开始了王位“世袭”制。此举对中国历史影响重大且深远。夏朝的最后一位君主桀荒淫残暴，曾自比为太阳，说太阳不会熄灭他就不会灭亡。后来东方商族首领汤率兵伐桀，夏亡。

山西永济尧王台，据称是尧舜实行“禅让制”的见证地。

商朝（前 1600—前 1046）是中国历史上第二个奴隶制国家。商族是居住在黄河下游的一个历史悠久的部落，在夏建立国家时，商也建立了较强的部落联盟。商汤灭夏后，建立商王朝，疆域比夏扩大了许多，其中心地区在今中国河南东北部、山东西南部和河北南部。商的国家机器比夏有了发展，有行政机构、军队、刑法和监狱等，实行野蛮的奴隶制。商王是最高统治者，独揽大权。商时青铜冶炼技术有了相当进步，青铜器在人们生活中得到广泛使用。以青铜为原料制作的鼎，本是煮食物用的器具，有圆形三足的，也有方形四足的。在中国传统文化中，鼎是王位、帝业、权力的象征，也喻示国泰民安、兴旺发达。商曾多次迁都，到商王盘庚时迁至殷（今河南安阳附近），始定居下来。由此，在中国古代文献上又常有“殷商”的提法。商朝后期因连年用兵导致国力衰弱，终被经多年准备发展壮大起来的周族趁机灭掉。

南京博物院展出的“兽面纹虎耳扁形虎足圆鼎”

商时中国古代文明的重大进步是有了成熟的足够数量的文字——甲骨文。甲骨文是现存的中国最古的一种成熟文字，其意义是无与伦比的，它标志着中国历史进入了有文字可考的时代，代表着人类一大文明体系的正式形成，至今仍是东亚汉字文化圈的共同财富。

周族与夏、商两族同样有着悠久历史。周族灭商后，建立起了新的领主制国家——周。周又分西周（前 1046—前 771）和东周（前 770—前 256）两个时期。西周定都于镐京（今陕西西安西南）。西周时，周王是最高统治者，既是中央机构的首领，又是诸侯的共主。西周实行“分土封侯”制。周王把国都附近的地区划为王畿，由王室直接统辖，而王畿以外的广大地区则分封给王亲、功臣和部落首领等诸侯，各建邦国。起初，各诸侯国与周王室的关系较紧密。与分封制相关，西周时土地属于国家所有，不得买卖，实行“井田制”（田地被阡陌、沟渠、道路分割为若干方块，很像汉字“井”，在今天中国的平原地区仍可见到）。西周的农业、手工业、商业较之商朝都有了发展，其疆域西到今中国甘肃东部，东至海滨，南到淮水流域，北到河北北部和辽宁西南部。

安阳殷墟出土的甲骨卜辞，是中国发现最早的文字。

公元前 770 年，周王室因内部争权导致分裂，迁都洛邑（今河南洛阳）。因洛邑在镐京之东，史称东迁之“周”为东周，原都于镐京

西周时的大盂鼎

西周的玉琮

之“周”为西周。中国历史上记载东周前半段时间史事的主要著作是《春秋》，后人也称这段历史为“春秋时期”（前770—前476）；又因东周后半段时期七个主要诸侯国之间不断地进行战争，后人又称这段历史为“战国时期”（前475—前221）。东周时，诸侯与王室关系开始疏远，周王室权力日渐式微，诸侯割据争霸，演绎了“春秋五霸”“战国七雄”的历史故事。春秋和战国时期是中国历史上的一个乱世，但也是思想文化极为活跃的时期，出现了孔子、老子、墨子、孟子、荀子、庄子、孙子、屈原等一大批思想家、政治家、文学家、军事家，史称“诸子百家”。对日后中国影响重大的儒家、道家、法家等思想学派，均产生并形成于这一时期。

结束分裂局面，统一中国的是诸侯国中的秦国。

中华帝国的初次统一与分裂

公元前 221 年至公元 220 年的秦、汉时期，是中国古代国家的第一次统一期，也是第一次繁荣期，对后世影响深远。汉（前 206—公元 220）以后，中国的中央集权国家由统一走向分裂，并在长达近 400 年的时间里出现了多朝代并存的局面。

秦（前 221—前 206）是中国历史上第一个君主专制朝代，确立了皇帝制度和帝国体制。秦王嬴政即位时年仅 13 岁，他推行富国强兵政策，采取阻止诸侯国联合和各个击破的战略，在其即位的第 26 年（前 221 年）统一了中国，在位于中西部的咸阳（今陕西咸阳）建都，并在全国范围内建立了中央集权的专制国家。自秦以后的中国古代社会里，各种势力都把做皇帝、另立朝代作为目标。

秦始皇浮雕像和位于陕西临潼的秦始皇陵

秦朝建立了比较完备的中央政权组织；废除了“封诸侯”制度，实行郡县制度，最终把全国分成41个郡，由郡守掌管政事，郡下设县；统一了货币、度量衡、车轨和文字。秦朝统治全国的时间只有短短的15年，但对中国历史的影响却是深远的，最重要的是奠定了中国政治、经济和文化的“大一统”基础。秦实行暴政，这也决定了其只能是一个短命政权，传至第二个皇帝秦二世时便因农民起义发生天下大乱，最后被汉取代。

秦王嬴政堪称千古一帝，对中国历史的发展作出了巨大贡献。他结束了国家长期的分裂割据局面，建立了中国历史上第一个统一的多民族国家。但同时他又是一位狂妄自大、专制暴虐的君主。他认为自己德高“三皇”，功过“五帝”，所以将“皇”与“帝”一并加在自己的头上，称作“皇帝”。他自称“始皇帝”，期望子孙继位，传至千万世。在他对全国的12年的统治中，推行严刑苛法，租役繁重，大兴土木，常年用兵，人民不堪重负，苦难深重。他将不利于秦统治的

陕西西安秦始皇兵马俑博物馆

书籍烧毁，将发表不利于秦统治言论的读书人活埋，这便是中国历史上有名的“焚书坑儒”事件。他通过苛暴的徭役征发组织了多项规模巨大的工程，这其中包括征招几十万人参加修建的万里长城和为自己修建的工程浩大的陵墓（即秦始皇陵，著名的秦兵马俑是其一部分）。

汉是继秦之后中国历史上建立的第二个由一姓家族（刘姓）执掌的君主政权。因为汉王室在公元 25 年重新建立政权并迁都，中国历史上又把汉分为西汉（前 206—公元 25）、东汉（25—220）两个时期。西汉王朝的建立者是汉高祖刘邦。刘邦出身于平民阶层，曾在秦朝基层政权任职。他雄才大略，知人善任，不拘一格选拔人才，开创了中国历史上一个新的局面：皇帝和他身边的文臣武将大多出身低微，改变了上古以来的世卿世禄制度，为后世效法。

西汉定都于长安（今陕西西安）。西汉基本上继承了秦王朝的各项制度，加强中央集权，并总结秦亡教训，推行“与民休息”政策。

历代帝王图中的东汉光武帝刘秀

汉初让大批士兵退伍回家，减免他们的徭役，并采取压抑商贾的政策，鼓励发展农业，使社会稳定，经济发展，出现了中国历史上第一个盛世。西汉后期社会矛盾加剧，农民反抗运动不断，并且政权内部出现了外姓篡夺皇权的行为，由此引发战争。最终汉室成员刘秀重新夺回刘姓政权，建立了东汉王朝，定都于洛阳（今河南洛阳）。东汉在外交上有很大的发展，公元57年日本派使臣到中国，中日交往从此开始，还有名将班超出使西域（汉时指现在甘肃玉门关以西的新疆和中亚细亚等地区）。

东汉末年，发生了中国历史上有名的黄巾大起义（起义者头戴黄色围巾），各方势力趁机而起，军阀割据混战，天下分崩离析，东汉王朝名存实亡。经过长期较量，形成了魏、蜀、吴三国（220—280）鼎立的局面。三国中魏政权的奠基人是中国历史上有名的政治人物曹操，他重新统一了中国北方，其子曹丕于220年废掉东汉最后一个皇帝（汉献帝），自立为帝，改国号为魏，定都洛阳（今河南洛阳）。

浮雕曹操像

以恢复汉家天下为号召的刘备，于 221 年在地处西南的成都（今四川成都）称帝，国号汉，史称蜀或蜀汉。中国历史上著名军事家诸葛亮即为蜀国丞相。229 年，位于中国东南部的另一力量代表孙权称帝，国号吴，定都建业（今江苏南京）。

三国之后，中国历史上有西晋（280—316）、东晋（317—420）两个王朝，都是一姓家族（司马氏）的王朝，统称晋。西晋定都北方洛阳（今河南洛阳），东晋定都江南建康（今江苏南京）。晋政权产生于魏政权，司马氏家族多年为魏政权重臣，最终通过朝廷内部斗争夺取天下。西晋军事力量强大，于公元 280 年灭掉吴国，结束了东汉后长达 90 年的分裂割据局面，短暂统一中国。但至东晋时，中国重新陷入分裂之中，长达近 300 年。

中华帝国的再次统一与分裂

公元581年至907年的隋唐时期，是古代中国历史上第二次统一期，出现了新的盛世，中华帝国空前强大。

结束几百年分裂局面、重新统一中国并建立中央集权国家的是隋（581—618）。隋朝的开国皇帝杨坚，曾是北朝最后一个政权北周的重臣，通过控制北周政权当上皇帝。杨坚于公元581年改国号为隋，定都长安（今陕西西安）。隋巩固了北方之后，又出兵灭掉了南方政权陈，结束了南朝、北朝对峙的局面。与秦相似，隋朝存在的时间很短，不到30年，但它结束了中国长期分裂的局面，为日后唐朝的发展奠定了重要基础，正如同没有秦便没有汉，没有隋也便没有唐。隋有许多创举，如创立对日后影响深远的科举制度，开辟了士人参与政权的新途径。又如开凿大运河，为中国南北的经济、文化交流和巩固国家统

古老的运河与两岸的现代建筑

一起到了巨大作用。这条大运河至今仍是中国南北交通的重要运输线。隋朝的第二个皇帝隋炀帝骄奢淫逸，好大喜功，大兴土木。他曾征发民夫一百多万人修筑长城，结果十天中死者十之五六。隋炀帝的暴政致使国力衰竭，民怨沸腾，反抗不断，最终失去天下。

取代隋的是唐。唐朝是中国历史上最强盛的统一的中央集权王朝，也是统治时间最长的王朝之一，历时 289 年（618—907）。唐朝的历史也可分为前后两个时期，前期国力强盛，文化繁荣；后期社会动荡，民生凋敝。唐的开国皇帝李渊曾是隋朝的重臣，在隋末反抗运动中趁机夺取权力，自立为帝，改国号唐，定都长安（今陕西西安），并统一了全国。

唐太宗李世民是中国历史最有名的皇帝之一。他帮助父亲李渊仅用四年多一点时间就统一了全国。他通过发动兵变，杀死哥哥，并逼其父退位，从而即皇帝位。他总结隋灭亡的经验，听取来自各方面的

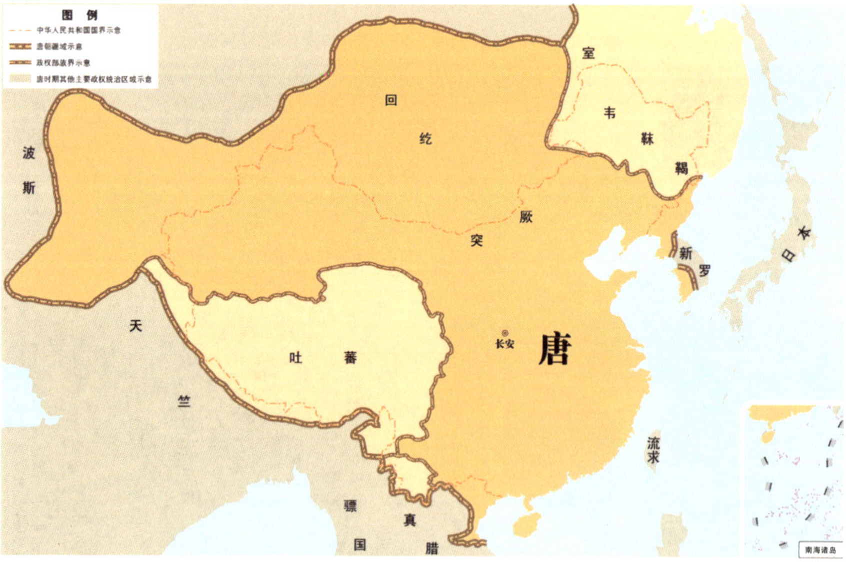

唐时疆域图

意见和建议，重用有能力的人，减轻百姓的赋税负担，发展生产，并且比较成功地处理了汉族与少数民族的关系，使国家出现太平景象，这就是史称的“贞观之治”。唐太宗既有识人之能，又有用人之量，即使反对过他的人，也能得到他的重用。他深谙帝王统治之道，曾把天下百姓比作水，把统治集团比作舟，认为水可载舟，也可覆舟。这种太平景象发展到他的后继者唐玄宗时达到了高峰，史称“开元之治”。

唐时中国古代的思想文化艺术成就达到一个新的高度，佛教、道教、伊斯兰教并存，出现了李白、杜甫、白居易等伟大的文学家，天文、历法、医学、建筑等也有了新发展。唐时，恢复了中西商路，40 多个国家的使节来到长安，与唐朝通好。唐成为当时世界上最强大的国家。

755 年，唐朝的两位将领安禄山和史思明发动叛乱，历经数年，叛乱虽被平定，但唐朝中央权力从此日益削弱，新的地方割据局面出现，

唐代绘画《牧马图》

朝廷内部争夺权力的斗争不断加剧，唐王室逐渐失去对全国的控制。唐末，爆发了波及大半个中国的农民大起义，地方势力借机而起，907年，唐被梁取代。

唐朝灭亡以后，中国又一次进入了分裂期。这时期，在北方中原地区相继出现了梁、唐、晋、汉、周五个朝代。为了与历史上先存的同名称朝代相区别，这五个朝代在中国历史上又被称为后梁、后唐、后晋、后汉、后周，其存在时间自公元907年到960年，一共只有53年。与此同时，在南方和其他地区也相继建立了一些小的王国，共计有十个，中国史书上又称之为“十国”，其存在时间自公元891年到979年，共88年。中国史学家通常把上述这些朝代统称为“五代十国”。唐以后，中国的政治中心开始由中西部向东中部转移。

宋朝（960—1279）是上承五代十国的政权。根据首都及疆域的变迁，宋又分为北宋（960—1127）和南宋（1127—1279）两个时期。宋的开国皇帝宋太祖赵匡胤于公元960年通过兵变夺取皇权，改国号宋，定都汴京（今河南开封），史称北宋。北宋初期，基本上统一了中国的南方，并对全国大部分地区实施着有效统治。

宋太祖赵匡胤原本是后周高级将领，通过被其部下黄袍加身并发动兵变夺取政权。当上皇帝后，为了避免自己的故事重演，他决定削弱将领们的权力。经过精心设计，一次，他设宴款待追随他多年并立下功劳的将领们。席间，他叹息道：“多亏各位扶持，我才有今天，你们的功德，我永远都忘不了。可是你们哪里知道，做天子还不如做节度使快乐。”众将不解其意，惊问何故，他答道：“这有什么不明白的，有谁不想当皇帝？”众将忙说：“陛下何出此言？如今还有谁会有二心呢？”他平静地说：“未必吧？就算你们没有二心，难保你们的部下没有贪图富贵之人。一旦他们把黄袍加到你们的身上，只怕也不由得你们了。”众将吓得连忙回答说：“臣等愚昧，恳请陛下给

北宋画家张择端的《清明上河图》，描绘了当时京城汴京的市井生活。

我们指点一条出路。”他说，“各位不如解去兵权，多买良田宅院，尽情享受一番。我们君臣无猜，相安无事，岂不很好？”第二天，众将纷纷上书称病辞官，宋太祖当即同意，并赏赐给他们大量钱财。这便是有名的“杯酒释兵权”故事。

公元 1127 年，北宋政权被北方的金所灭，宋王室在南方的临安（今浙江杭州）重新建立政权，史称南宋。

宋朝是中国历史上经济与文化、艺术、教育最繁荣的时代之一，科技发展、政治开明，甚至有西方学者认为宋朝可以称是中国历史上的文艺复兴与经济革命时期。宋朝时与中国通商的国家有 50 多个。

中华帝国的第三次统一

取代宋朝的是元朝（1206—1368），中国由此进入第三次统一期。经元、明、清三朝，统一的中华帝国再创辉煌，直到18世纪末、19世纪初开始走向衰落。

元朝是中国历史上第一个由少数民族在全国范围内建立的中央政权。公元11世纪前后，蒙古部落在中国北部蒙古草原上迅速崛起。1204年，生于蒙古贵族世家的铁木真统一了蒙古草原。1206年，他被推为全蒙古的大汗，尊称为成吉思汗，并建立了蒙古汗国。蒙古汗国凭借其强大的军事实力，多次向西方的中亚和欧洲进军，并消灭了西夏、金、大理（北方和西南地区的少数民族政权）等政权，降服了吐蕃（中国古代藏族政权），领土不断扩大。1271年，成吉思汗的孙子忽必烈改国号为“大元”，并于第二年宣布建都大都（今北京），

元大都土城遗址公园

尊成吉思汗为元太祖。忽必烈即元世祖。北京自此成为元、明、清三代的都城，中国的政治中心也由南向北转移。1279 年，南宋被元灭亡。多个政权长期并立的局面结束，中国又实现了新的统一。

取代元朝并当上新朝代开国皇帝的是朱元璋，即明太祖。公元 1367 年，他在元末各种力量较量中取得政权，正式即皇帝位，第二年，建国号大明（1368—1644），明朝最初定都在应天府（今江苏南京），并改大都为北平。

朱元璋出身贫寒，儿时曾行乞，少时做过僧人，因英勇善战、足智多谋，并广结各方能人志士，在元末农民战争中脱颖而出。经过苦心经营，他建立了一支强大的队伍，并最终依靠这支力量战胜各方异己势力，夺取天下。他通过制定新法，整顿纲纪，改革行政机构，进一步加强封建中央集权。为了加强对臣民的监督控制，他还设立特务组织，如巡检司和锦衣卫，监视官员的活动。朱元璋是中国历史上最

明孝陵博物馆的朱元璋等人塑像。从左至右依次为：汤和、刘伯温、朱元璋、马皇后、徐达。

残暴的君主之一。为防止他人觊觎天下，他大肆诛杀功臣，其中最多时一次共杀 3 万多人。据史书记载，他长相丑陋，一些画师因没有将其画为美男子，结果被杀死。

公元 1421 年，明成祖朱棣将都城从南京迁到北京，以有利于巩固北部边防，进一步控制东北地区。明时，北方的长城继续得到修建和巩固，成为防御外族入侵的一道重要屏障。自元代以来，北京城的建设继续发展，故宫即建于这一时期。帝王们也没忘记自己死后寝宫的建设，位于北京北部的明十三陵也开始建于这一时期。

对世界航海事业产生重要影响的郑和下西洋，即发生在明成祖时期。为加强与海外诸国的友好联系，明成祖派信奉伊斯兰教的官员郑和（1371—1433）出使西洋，从 1405 年到 1433 年，郑和先后七次航海，访问过亚非 30 多个国家和地区，最远到达红海沿岸和非洲。郑和下西洋的壮举比欧洲航海家的远洋航行早了半个世纪。

南京宝船厂遗址公园内的郑和铜像

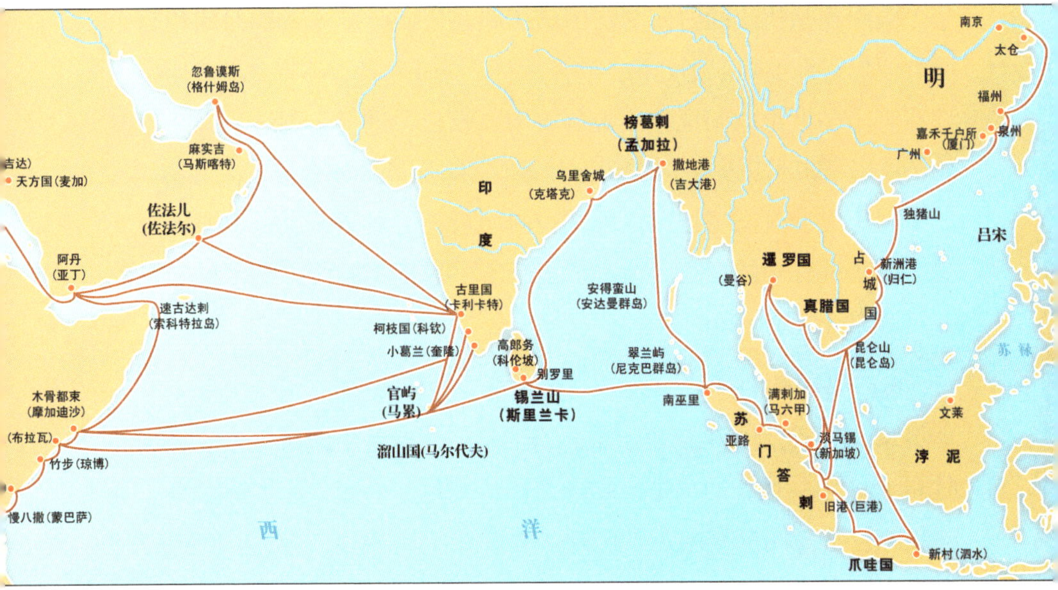

郑和下西洋路线图

明朝也是中国历史上经济和文化比较发达的阶段。当时正是西方文艺复兴、地理大发现和宗教改革时期，西方文化和科学随着一些传教士来到中国，东西文化有了初始交流。

明后期，生活在中国东北的满族迅速发展壮大，并于1616年建立政权，称后金。1636年，这个少数民族地方政权的首领皇太极自称皇帝，改国号清，改族名为满洲，这便是把清政权称为“满清”的由来。1644年，清军入关（山海关以内），并很快稳固了对全国的统治。清是中国历史上最后一个封建朝代（1616—1911），统治全国长达267年。清朝中前期，中国统一的多民族国家得到巩固和发展，康熙、雍正、乾隆等是中国历史上很有作为的皇帝，他们平定地方叛乱，统一台湾，统一新疆和外蒙古，设置驻藏大臣，反对外族侵略，基本上奠定了今天中国的疆域规模。

康熙登基执政的时间与法国国王路易十四临朝亲政的时间相当，而且他们有许多相似之处：皆幼年称帝、天资聪颖，都有着雄才伟略，都在半个多世纪时间里牢牢控制着中央政权，进行专制统治，并且把自己的国家带入历史上一次新的鼎盛时期。康熙 8 岁登极，在位 61 年，是中国历史上有文字记载以来在位时间最长的君主，也是中国历史上少有的嗜书好学的帝王。他是中国帝王中最早接触西方近代科学知识并对西方科技感兴趣的人。

乾隆是康熙的孙子，25 岁当上皇帝，在位 60 年，当太上皇 4 年，享年 89 岁。他是中国历史上最长寿的皇帝，也是中国历史上实际执政时间（63 年）最长的皇帝。乾隆是一位文化型皇帝，他主持编修了中国文献巨著《四库全书》。此项工程动用了 4186 人，长达 20 年，对保存中国文化是一大贡献。北京现存的许多清代皇家宫殿园林，都与乾隆时期的维护、兴建有关，如颐和园、圆明园和天坛祈年殿等，如今多成为世界文化遗产。乾隆本人多才多艺，勤奋好学，擅书画，兼

清代宫廷画家意大利人郎世宁绘《乾隆大阅图》（局部）

康熙皇帝读书坐像

长诗文，他每天闲暇时间必做三件事：作书、作画、作诗。他一生留下42600多首诗，可谓前无古人，后无来者。

清朝中后期，正是中国农业文明走向尽头而西方国家开始资本原始积累并疯狂进行海外殖民扩张的时期。中国与西方发生了长达一个多世纪的碰撞和冲突。最终古老的农业帝国无力与船坚炮利的资本帝国对抗，君主专制制度也在人民的选择中退出历史舞台。

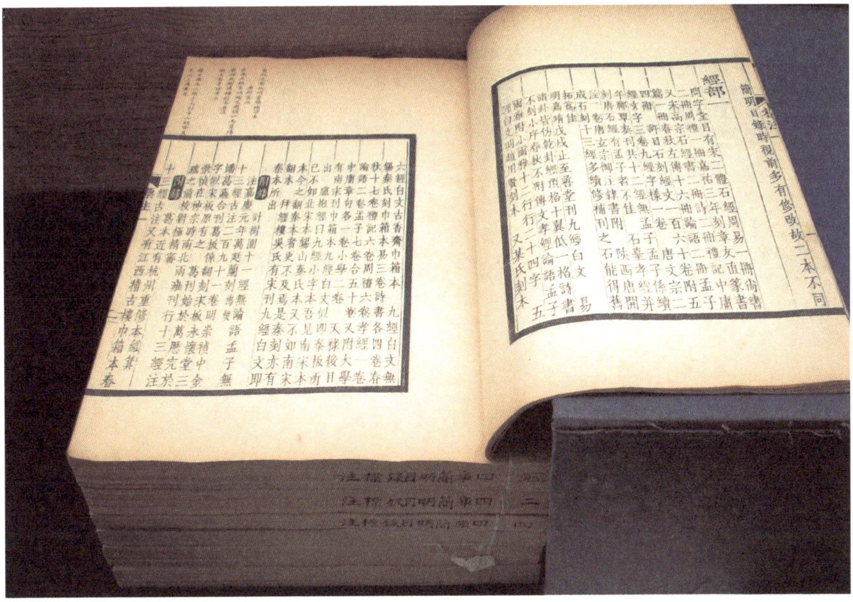

国家图书馆新馆展出的《四库全书》（部分）

多民族共同缔造的国家

多元一体，多民族的大一统，是中国国家的一个显著特征。

中国的疆域和版图，是中国各民族共同开发的。华夏族最早开发了黄河流域的陕西、甘肃等地和中原地区；东夷最先开发了沿海地区；苗、瑶族最先开发了长江、珠江和闽江流域；藏、羌族最先开发了青海、西藏；彝、白等民族最先开发了西南地区；满、锡伯、鄂温克和鄂伦春等民族的祖先最先开发了东北地区；匈奴、突厥、蒙古等民族先后开发了蒙古草原；黎族最先开发了海南岛；高山族最先开发了台湾。

历史上，占中国人口多数的汉族，主要生活聚居在黄河、长江中下游流域的中原地区。这里气候温和，土地平坦且肥沃，宜于农耕。而中国的少数民族大多分布于周边地区，这些地区的自然地理条件

山西省临汾市与陕西省延安市之间的黄河乾坤湾

较之中原地区要复杂得多，多草原、沙漠、森林、高原、高山、丘陵、湖泊等，宜于牧业、狩猎、渔业。各个地区相比，中原物产最为丰富，经济文化最为发达，而各边疆地区的经济形态则比较单一。生产和生活的需要，使得各边疆少数民族都有与其他地区，特别是中原地区进行经济交流的迫切愿望。这种经济上的联系，形成了一种自然的凝聚力，驱使周边少数民族不断向中原发展。活跃在北方蒙古草原的许多民族，为打破游牧经济比较单一的限制，寻求生存发展，纷纷南迁来到中原地区，学会农耕，并过上定居生活。在南下过程中，有的北方游牧民族还曾建立过显赫的王朝，如鲜卑人建立的北魏，以及蒙古人建立的元朝等。南下和建立王朝的过程，也就是融入中原和汉化的过程。

中国的统一始终以中原地区为中心，以汉族为主体不断扩大和巩固，而汉族又在融合各民族的过程中得到发展。早在距今四五千年以

唐代著名画家阎立本所画的《步辇图》，以公元641年吐蕃首领松赞干布与文成公主联姻为背景，表现了唐太宗接见前来迎娶文成公主的吐蕃使臣禄东赞的情景。

中国历史纪年表	
夏	前 2070—前 1600
商	前 1600—前 1046
西周	前 1046—前 771
东周	前 770—前 256
秦	前 221—前 206
西汉	前 206—公元 25
东汉	25—220
三国（魏、蜀、吴）	220—280
西晋	265—317
东晋	317—420
南北朝	420—589
隋	581—618
唐	618—907
五代	907—960
北宋	960—1127
南宋	1127—1279
元	1206—1368
明	1368—1644
清	1616—1911
中华民国	1912—1949
中华人民共和国	1949 年 10 月 1 日成立

前，生活在中原黄河流域的夏、商和周族（汉族的祖先），吸收了生活在北方和东方的夷、羌、狄、苗和蛮等族的成分，演化成了华夏族，并建立了国家政权。秦、汉时期，华夏族吸收了更多其他民族的成分，形成了汉族。隋、唐前后，随着北方一些民族入主中原建立政权，各民族融合进一步发展，鲜卑、羯、氐、羌和匈奴等民族相继融入汉族。少数民族在语言、服饰、风俗习惯和民族心理等方面吸收汉族文化，汉族也吸收了胡服、胡食、胡乐、胡舞等少数民族文化。在中国历史上有重要影响的北魏孝文帝改革，孝文帝通过发布命令，要求鲜卑族学汉语，穿汉服，改汉姓，鼓励与汉族通婚。清朝建立后，满族人大量进入中原地区，在其后不到三百年的时间里，基本被汉化。

在中国古代完备的中央集权制度下，各朝代都建立了一套如何处理中央政权与地方少数民族政权关系的办法和措施，保证了多民族国家的团结统一。其中册封与羁縻州府制度，是古代中国中央政府处理与边疆少数民族政权关系的一种基本政治制度。这一制度具有民族自治或半自治色彩，通过怀柔、抚绥的办法，采取通使、和亲、册封、互市等政治经济手段，区别对待，不激化矛盾，适应各少数民族地区经济与文化状况，达到维系多民族国家统一的目的。两千多年间，不管王朝如何更迭，不管哪个民族掌握中央政权，都实行这种政治制度。这一制度既有助于打破民族间的隔阂和地区间的分裂割据状态，又有助于每个民族内部和不同民族之间的政治凝聚力的形成。

罗马
黑海
里
海
德黑兰
地中海
亚历山大
开罗
巴格达
巴士拉
阿巴斯港
卡拉奇
拉萨
河内
孟加拉湾
仰光
亚丁湾
阿拉伯海

传统的思想文化与社会

中国的传统思想文化，是指中国建立近代国家前自身的整体价值观念和文化形态。中国传统思想文化自成体系，基本上是一种固有的思想文化，有着独特的精神。在漫长的历史发展中，虽然域外文化也渗透至中国，但未曾撼动中国固有的思想文化，相反，一些外来思想文化却因受中国传统思想文化的影响而发生变化。中国的传统思想文化，决定着中华民族的精神和性格，影响着中国社会的发展。

儒家思想及其正统地位

中国古代的思想流派，通常被称为“诸子百家”，如孔子、孟子、老子、庄子，以及儒家、道家、法家、墨家等，而诸子百家又多产生于秦朝之前，所以又被称为“先秦诸子百家”。

中国传统思想文化常常被概括成儒、释、道三家，其中儒家处于主体地位。中国古代历朝历代治国理念、国家政治制度构建、社会道德规范，以及人们安身立命的标准，基本都以儒家思想文化为依据。儒家思想文化对中国社会影响深远，对东亚的朝鲜半岛和日本等国也产生了重要影响。

中国古代的“儒”字最初指举行仪式的主持者，后来演变成对具有知识的人的通称。古代的儒者，大体相当于今天的老师。

儒家是孔子（约前551—前479）开创的一个学派。孔子是鲁国人（今山东曲阜一带），春秋末期思想家、政治家、教育家。孔子整理并编写了中国上古时期重要文献——“六经”，即《诗》《书》《礼》《乐》《易》《春秋》。孔子思想的精华主要体现在其弟子编写的他的言论集《论语》中。“仁”与“礼”是孔子思想的核心内容。在孔子的思想体系中，“仁”表现了多方面的伦理道德价值，其核心是“爱人”，所谓“己欲立而立人，己欲达而达人”，“己所不欲，勿施于人”。孔子时期，中国社

孔子像

会正发生重大变革，周王室地位式微，诸侯国力量强大。孔子认为这是一个礼崩乐坏的时代，必须改变。为此，他特别强调要“克己复礼”，也就是要从每个人自己做起，遵守所属等级的礼仪规范，自觉地恢复礼。孔子认为，礼是规范人们行为的制度，能够调整人与人之间的关系，做到和谐有序，也就是“礼之用，和为贵”。

孔子是中国历史上第一个私人办学的教育家，被后人尊称为“孔夫子”“至圣先师”。相传他有弟子三千，其中的七十二位较为优秀。孔子的许多思想，是在回答弟子的问题时提出的。孔子留下了许多宝贵的教育思想，对后世影响深远。在今天的中国，人们还在不断使用孔子留下的许多劝学名言，如“学而不思则罔，思而不学则殆”、“三人行必有我师”、“学而时习之，不亦说乎？”等等。

稍晚于孔子并对儒家学说有重大贡献的是孟子。孟子（约前 385—前 304）是战国时期思想家、政治家、教育家，其著作《孟子》是儒家重要经典。孟子一生推崇孔子，不遗余力地传播孔子思想，被后世尊称为“亚圣”，儒家学说因此而被称为“孔孟之道”。孟子发展了孔子思想，提出“仁政”理论。他认为统治者只有施行仁政，才能得到人民的拥护。“仁政”就是行“王道”，做到“以德服人”。他将天时、地利与人和相比较，得出的结论是，人和是统治者成败的决定因素，为此，他坚决反对暴政，反对以力服人。在人性问题上，孟子主张性善论，认为人性原本是善的，人生来都有最基本的

孟子像

共同的天赋本性。孟子的性善论对中国传统社会影响很大，中国古代著名启蒙课本《三字经》第一句话便是“人之初，性本善”。

几乎与孟子同时而对儒家学说作出了重大贡献的另一位思想家是荀子（约前318—前238），其思想集中在《荀子》一书中。荀子发展了孔子“礼”的思想。他认为，“人无礼则不生，事无礼则不成，国家无礼则不宁”，“礼”作为等级制度和社会规范，对于人生、社会和国家是不可缺的。荀子还提出了著名的“舟水之喻”。他说：“君者，舟也；庶人者，水也。水则载舟，水则覆舟。”在人性问题上，荀子反对孟子的性善论，主张性恶论。

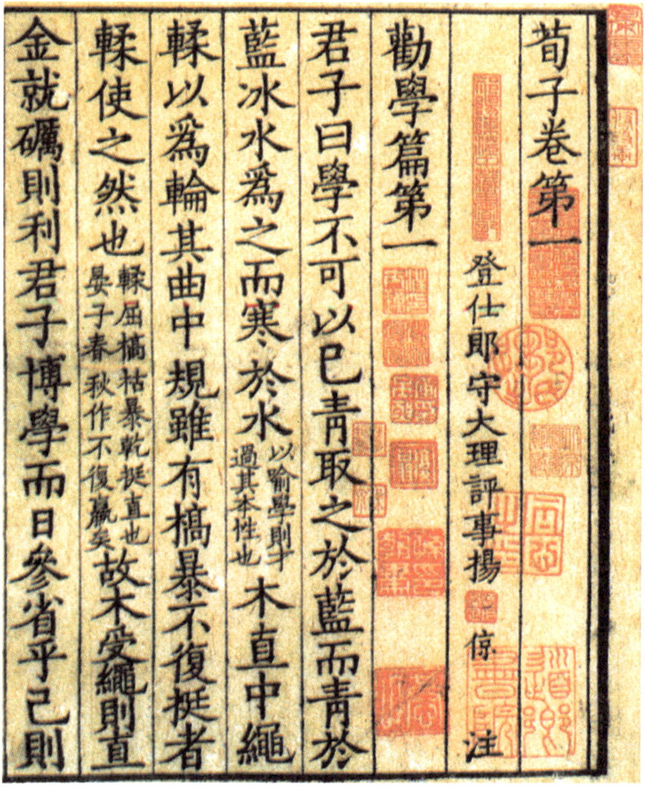
荀子卷第一
登仕郎守大理評事楊倞注
勸學篇第一
君子曰學不可以已青取之於藍而青於
藍冰水爲之而寒於水以喻學則才過其本性也木直中繩
輮以爲輪其曲中規雖有槁暴不復挺者
輮使之然也輮屈槁枯暴乾挺直也晏子春秋作不復贏矣故木受繩則直
金就礪則利君子博學而日參省乎己則

《荀子》书影

宋代理学的集大成者——朱熹雕画像

儒家思想在秦朝以前已经形成，但没有得到统治者的支持。汉武帝（前140—前87）在位时，实行“罢黜百家，独尊儒术”的思想文化政策，儒家思想从此成为正统思想。宋朝和明朝时期，儒家思想得到进一步发展，出现了“理学”（强调天理）和“心学”（强调良心）。理学与心学是在新的时代背景下对先秦儒学的回复和创新，因而又被称为新儒学。这一思想把孔子、孟子提出的道德规范进一步和天道联系起来，对人的本质、人在宇宙中的地位、人与宇宙的关系进行了全面论证，并强调人对精神生活的追求和心灵境界的提升，从而丰富了儒家思想的伦理内涵。

道家思想与道教

在中国传统思想文化中，道家思想的地位和影响仅次于儒家思想。“道家”思想在先秦便出现了，但“道家”这一名称的出现则是在西汉初年，当时被称为“道德”学派，也称“道德家”，后简称“道家”。道家之所以得名，就在于它以“道”为其思想核心。在中国哲学史上，道家通过“道”的概念第一次探讨了万物的本原问题。

道家思想的奠定者是与孔子同时代的老子（约前 600—前 500）。他写了《老子》（《道德经》）一书，阐发自己的哲学思想。“道”是老子思想中最重要的概念。他认为，“道”是天地万物的本质，天地万物都从“道”中产生。在老子看来，“道”是一个混成之物，它自身包括“无”和“有”两个方面，是“无”与“有”的统一体，这

北京房山圣莲山“天下第一老子像”

两者可以相互转化。老子把“无为”看作是“道”的性质，“无为”就是顺应万物本来的情形。老子还提出了著名的“道法自然”命题，认为“道”是顺从天地万物的“自然”。老子认为，“无为”与“自然”是密切关联的，用于国家政治生活，统治者“无为”，则百姓“自然”。

“黄老学派”是战国时期道家的主要流派。“黄”指传说中的中华民族祖先黄帝；“老”就是老子。所谓“黄老学派”就是以黄帝为依托、主要阐发老子思想的一个学派。黄老学派留下的主要文献有《黄帝内经》和《管子》，主要讨论社会政治问题，也涉及治身方面。黄老学派称“道”为“太虚”，并且以“气”来解释虚无的“道”，认为万物都依靠“精气”而产生，“精气”是人的生命与智慧的来源。黄老学派非常重视“因循”的观念，强调“道”是因循万物之自然，从政治上讲，就是君主要因循臣民之自然，在治国时要保持内心的虚静，发挥臣民的作用。这一学派的思想在西汉初年被统治者采纳和接受，成为“无为而治”、休养生息政策的思想来源。

庄子（约前369—前286）是先秦时期道家最有影响的思想家，如同孟子继承和发展了孔子思想，庄子则继承和发展了老子思想。后人常常把庄子与老子并列，合称为老庄。庄子的思想主要表现在《庄子》一书中。庄子思想的中心是追求人精神的自由。他认为人类生存最大的困境是丧失精神的自由，人创造了财富和文明，反过来又为财富和文明所控制，成为物的奴隶。在庄子看来，人要想摆脱这种困境，最根本的道路是要做到“无己”，也就是超越自我；达到“游心于道”的境界，即至美至乐的“天人合一”境界。

道家思想在魏晋时期得到复兴，形成了魏晋玄学。魏晋玄学以《老子》《庄子》和《周易》等著作为主要经典，通过对这些经典的重新解释，围绕“本末有无”等问题建立起“新道家”思想体系。老子哲学是探讨宇宙深远、深奥的学问，而“玄”字的含义正是表示深远、深奥，可以用来形容宇宙本原的“道”，所以当时的人们就把发挥老子道家的学说称为“玄学”。魏晋玄学所讨论的问题很多，从根本上说，是要解决道家的宇宙论哲学与儒家的名教之治（名分等级之教，即礼教）的关系问题，也就是儒道两大学说的关系问题。

在道家思想影响之下，公元 3 世纪时产生了中国本土的宗教——道教。道教以《老子》作为表达教义的基本经典，视老子为教主。道教以追求长生不死的信仰为核心，综合了不同地方的信仰和养生方术，利用道家思想，特别是“气”的学说（用气说明世间一切有生命活动的存在），同时吸收了佛教和儒家思想的一些成分，形成一个有着丰富内容的庞大宗教思想体系。现知最早的道教组织是东汉末年的太平道和五斗米道，与官方对立，后经改造，逐渐放弃了与官方对立的立场，成为官方宗教。特别是随着佛教的传入，统治者为增强本土文化的吸

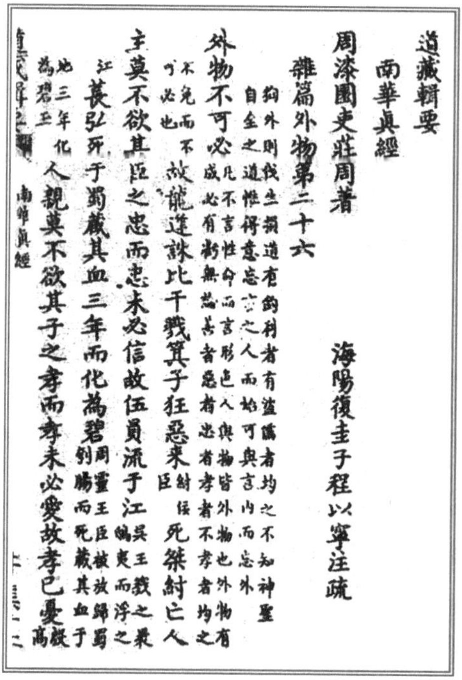
道藏輯要
南華眞經
周漆園吏莊周著　海陽復圭子程以寧注疏
雜篇外物第二十六
外物不可必
故龍逢誅比干戮箕子狂惡來死桀紂亡人主莫不欲其臣之忠而忠未必信故伍員流于江萇弘死于蜀藏其血三年而化爲碧人親莫不欲其子之孝而孝未必愛故孝己憂
南華眞經

《庄子》书影

江西鹰潭龙虎山，道教正一派的祖庭所在。

引力，道教在东晋以后的一千多年时间得到官方支持，传播和发展较快，到宋代时在中国南北形成了许多不同流派，其中以正一、全真两大宗派最有影响。明朝中期以后，官方不再实行崇道政策，道教地位开始下降。

道家思想对中国美学、文学、艺术的发展产生了重大影响，如意象理论、意境理论等。道家关于“虚实结合”的理论成为中国古典美学的一条重要原则，对中国古代诗词、绘画产生重要影响。

佛教的传入及其中国化

佛教最初产生于公元前 6 世纪印度的恒河流域，西汉末年经中亚传入中国。佛教进入中国后，逐步渗透到中国社会生活之中，与中国文化相结合，其内容得到进一步丰富，成为中国文化的重要组成部分。

关于佛教传入中国，历史上有这样记载：东汉明帝（58—76 年在位）时，有一天晚上明帝做了一个梦，梦见在西方有一个金色的人。第二天早晨起来，他问大臣们这个梦是怎么回事，其中一个大臣告诉他，听说西方有佛，您一定是梦见佛了。明帝立刻派使臣到西方去迎请佛，后来使臣果然带来两个中亚僧人和一批佛教典籍。明帝在首都洛阳专门为两位僧人建了寺庙。

中国佛教的发展有一个十分突出的特点，就是非常重视佛教经典的翻译工作。最初佛教经典的翻译工作主要由中亚、南亚国家来华的僧人完成，但翻译水平并不能使人满意，于是出现了中国僧人去中亚、南亚国家取经的现象，他们当中最杰出的代表，就是唐朝的玄奘（602—664）。玄奘 13 岁出家为僧，在多年的研究和讲经过程中，他深感因各家说法不一而难以贯通佛家经典，于是下定决心要去印度求法。在经历千辛万苦到达印度后，玄奘潜心研究各种佛教经典，其学识受到佛教界的尊重和推崇。玄奘学成回国后，拒绝了唐太宗要他还俗从政的请求，集中精力翻译从印度带回的大量佛教经典，对佛学的发展作出重大贡献。

中国人接受印度佛教思想经历了一个认识上逐渐深入的过程，但基本态度不是全盘拿来，而是为我所用。中国人接受的佛教思想，以大乘佛教（公元 1 世纪形成于印度，倡导慈悲一切众生，力主以功德回向他人）为主。佛教在中国的传播和发展过程中，与中国社会的关系以调和、融合为主，努力与中国社会相适应，实现佛教中国化。在这一过程中，出现了许多中国佛教宗派。特别是在公元6至10世纪的隋唐时期，由于社会经济的繁荣，佛教在中国也得到了空前发展，逐步形成了三论、天台、法相、华严、律、禅、净土等几个大的佛教宗派。

佛教虽然最初是一种外来文化，但经本土化后，对中国文化的发展产生了十分广泛的影响。佛教对中国音韵、语言、文字学的发展都产生了重要影响。汉语拼音的使用最早就是受拼音文字梵文的启发，许多佛教名词直接变成了汉语词汇，如“自由”“平等”“世界”“众生”“境界”等，丰富了汉语言词汇。“天下名山僧占多”，佛教还在中国创造了庙宇文化。时至今日，每到相关节日，各地庙宇人头攒动，成为一种特殊的大众文化现象。佛教关于空、境、灵等思想，特别是禅宗理论，对中国的文学、艺术、建筑等都产生了重要影响。佛教还对儒家、道家思想的发展起到促进作用。佛教中的慈悲为怀、乐善好施、去恶从善等精神，影响着中国人的为人和行事。

新年伊始，山东青岛市民在湛山寺烧香拜佛许愿。

传统思想文化的基本精神

美国学者菲利普·李·拉尔夫等在所著《世界文明史》（商务印书馆 1998 年第 1 版）一书中认为："当希腊人正在探讨物质世界的性质，印度思想家在思考灵魂和神的关系时，中国的圣人正试图去发现人类生活的基础和贤明政治的根本原则。"

中国的传统思想文化历史悠久，形态完整，兼收并蓄，内容丰富，风格独特。作为人类重要的精神财富，中国传统思想文化有其独特的精神内涵。

——提倡以人为本。中国是人文思想产生最早的国家。中国古代思想家大多主张通过人文教化，建立起一个有道德、有秩序的文明社会。中国传统文化认为，如果说天地是万物的母亲，那么人就是万物之中最有灵性或最重要的。荀子说："水火有气而无生，草木有生而无知，禽兽有知而无义，人有气有生有知，亦且有义，故最为天下贵也。""仁"是孔子思想的核心，他认为，"仁者，爱人"，即仁就是爱他人。当孔子的一个弟子问他如何才叫做有智慧、有知识时，孔子告诉他：有智慧的人应该"务民之义"，就是把老百姓的事放在第一位。中国很早就有"民为邦本，本固邦宁"的说法。孟子更是提出"民为贵，社稷次之，君为轻"的思想，发展了儒家的"人本主义"思想。

——主张天人合一。"天"在中国传统文化中有特殊的地位。中国传统文化中的"天"既指自然之天，也指天命之天。自然之天，就是以天地为万物之本。天命之天，是一种主观想像的如同自然之天一样不可抗拒的意志。中国传统文化主张的"天人合一"，是一种自然观和对自然的态度，即人与天地万物为一体。"天人合一"思想认为，天与人虽然是一对立体，但从根本上说是天主导人，而不是人主导天。

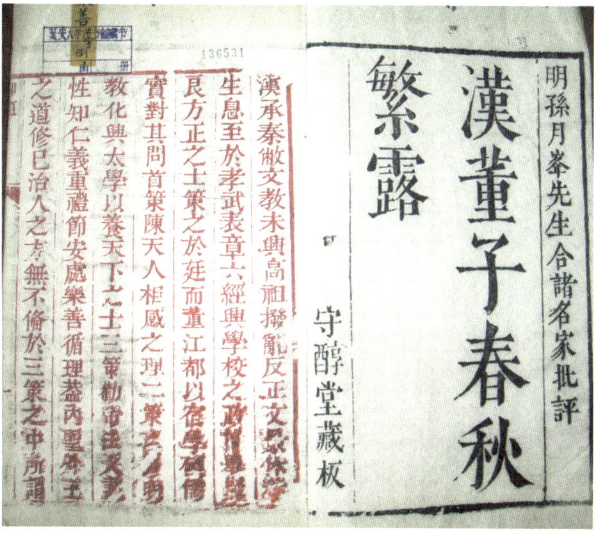
明孫月峯先生合諸名家批評
漢董子春秋繁露
守醇堂藏板

汉代董仲舒著作《春秋繁露》，宣扬“天人合一”“天人感应”。

天是最高最神圣不可侵犯的，天的势力大于人的势力，天的意志决定人的意志，因此，人要顺从自然之天，这样就能使人与天协调统一起来。道家思想的一个鲜明特点就是强调人要顺其自然地做事，辅助万物的本性去发展，而不能够随意去改变它。儒家思想也主张做事要因循自然。

——推崇以和为贵。和平是中国文化的内在精神，集中体现在“和为贵”“和而不同”与“仁和”等理念之中。儒家创始人孔子说：“礼之用，和为贵。”就是说，一切事情都要以“和”为出发点和归宿。“和”为什么这样重要呢？在中国古代思想家看来，世间一切事物都由“和”产生和发展，也就是“和实生物”，这样世间才能安宁、繁荣。同时，中国传统文化又特别强调“和而不同”，一方面把“和”作为最高的价值追求，但同时又不能以“同”来取代“和”，要承认差别和多样性，尊重、理解他者，相互包容。因此，“和”的达成只能通过平等协商和对话合作来逐步实现。中国传统文化还非常重视和平的实现与道德修养之间的内在统一，也就是“仁和”思想。中国古代的思想家认为，要防止人们因为欲望得不到满足而发动战争，必须“制礼义以分之”。

为此，就要行“仁爱”，通过仁义道德的教化，使人人成为“仁者”，而“仁者”是“无敌”的，这便是由“仁”而“和”的和平之路。

——追求大同世界。所谓大同世界，是古代思想家们设计的乌托邦式社会图景，大同世界是什么样呢？孔子认为大同世界是一个行大道的天下为公的世界。老子也设计了一个人人都能“甘其食，美其服，安其居，乐其俗”的理想社会。在大同世界中，生产资料共有，人们之间没有等级差别和压迫剥削、平等和睦相处，各有所得所乐。受大同思想的影响，中国历史上发生的许多农民起义，都在不同程度上提出建立“等贵贱、均贫富”社会的主张。中国近代变法领袖康有为（1858—1927）所著的《大同书》，把“天下为公，无有阶级，一切平等，既无专制之君主，又无民选之总统”作为他的“大同世界”。中国民主革命的先行者孙中山（1866—1925）也把“天下为公”作为自己的政治追求。中国传统文化中的大同思想，其历史局限性十分明显，但其所反映的“天下为公”和自由、平等、博爱等朴素精神，正反映了人类对未来美好社会的憧憬。

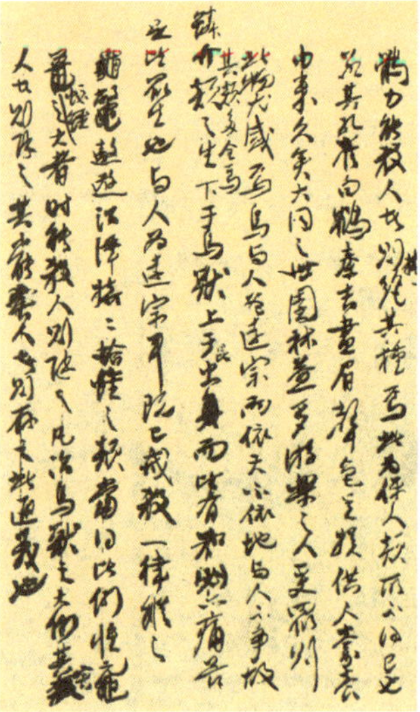

康有为《大同书》手稿

康有为像

——强调入世精神。在中国传统文化中居主导地位的儒家文化，要求人们关注现实，关注内在的道德修养。当孔子的弟子问孔子怎样看待和处理鬼神这样的事时，孔子严厉地批评他说，“未能事人，焉能事鬼”，就是说你人间的事情都做不好，怎么还要问怎样去事鬼呢?因此，孔子只谈今生今世事，不谈鬼神和来生来世事，并明确表示“敬鬼神而远之”。入世便要做到“内圣外王”，即通过内在的道德修养的不断提高而实现经世致用。每个人只要从内心做起，从身边的事情做起，从日常事件和现实生活做起，就可以由小到大，由平凡之事入手来成就伟大功业。这一过程首先是正心、诚意，然后是格物、致知，继而修身、齐家，最后是治国、平天下。

作为农业文明在观念形态上的表现，中国的传统文化既积累了许多有价值的创造，也存在一些局限、缺陷甚至是糟粕。中国传统文化存在的缺失主要有：缺少民主精神，推崇人治；宣扬等级制度，重男轻女；突出集体主义，忽视个体价值；追求平均主义，创造性不足；等等。

传统思想文化背景下的社会

与农业文明相适应，传统思想文化背景下的中国社会是宗法性质的社会，以家族为单位，实行“家国”一体。“国家”这一概念在传统中国文化中很少使用，经常被“天下”、“社稷”（由对土神和谷神的祭祀演变而来）一类概念所替代。在中国传统文化中，没有家便没有国，家既是生活单位，又是生产单位。同时，家不只是一家一户的家庭，还要扩大到整个血缘家族。一个家族中以父亲为主轴，父的父是祖父，父的兄是伯，父的弟是叔，父的姐妹是姑；父亲的兄弟姐妹生的孩子，构成堂兄弟、堂姐妹系列。在母亲方面，母的父是外祖父，母的兄弟是舅，母的姐妹是姨；母亲的兄弟姐妹生的孩子，又构成表兄弟、表姐妹系列。在分别亲族时，男性一系的亲人，也就是父亲这边的是“内”，而女性一系的亲人，也就是母亲这边的亲人是“外”。

四世同堂共41口人的幸福大家庭

上述父母两大系的衍生、繁衍，就出现了一个十分庞大的族群，而且随着人口的增加而不断增大。

古代中国社会基层，就是按照上述这种男女有别、长幼有序的原则，建立了以家庭、家族、宗族为组织单位的乡村共同体。这样的家庭、家族、宗族常常居住在一个共同的区域，拥有一个共同的祖先，有共同的祠堂和宗谱。在一个家族里，有知识有文化的人，特别是中过科举的人，或年龄与辈分较长的人，通常比较有威信。家族由德高望重者任族长，负责对家族进行治理，决定家族的各项活动，包括组织祭祖活动等，并依照族规、家法，对违背家族规定者进行处罚。以家族为单位的基层社会组织，对古代中国社会秩序构建和制度稳定，起到了重大作用。 这是古代东方社会与西方社会的最大不同之处。

传统文化背景下的中国社会以道德而不是以法律立国。道德规范成为社会的规章，每个人都受道德约束。儒家思想构成中国传统文化

广东顺德水藤沙边村的“厚本堂”何氏大宗祠

的核心价值，提供了传统中国社会的一系列道德规范，其中最主要的是“三纲五伦”。“三纲”是指“君为臣纲、父为子纲、夫为妇纲”，也就是臣要服从君，子要服从父，妇要服从夫。“五伦”是指君臣、父子、夫妇、长幼、朋友五对社会成员的关系，做到“君臣有义、父子有亲、夫妇有别、长幼有序、朋友有信”。违背了这些道德规范，就是不忠、不孝、不义、不爱、不信，为社会所不接受。中国古代社会基本以上述儒家道德思想为依归，规范维持着社会秩序。

要做到以道德立国，最重要的是要使每个社会成员成为一个有道德的人，这就涉及提高人们的内在道德修养问题。中国传统文化讲一个人成功，就是能够立德、立言、立功，首先是培养自己的品德，然后是通过言论影响别人，最后是做出成绩。要成为有道德的人，就要做到“博学之，审问之，慎思之，明辨之，笃行之”，也就是要多搜集资料，直接去考察，慎重地思考，辨析清是非，坚定地落实。

2014年3月2日，农历二月二，在安徽省亳州市陈抟庙景区，精彩的舞龙表演吸引了众多游客。

在传统思想文化影响下，宗教在古代中国社会并不发达。在中国历史上，宗教从未占居社会主导地位，没有发生教权与皇权之争，更没有发生宗教改革或战争，这也是古代中国社会与西方社会的不同之处。中国没有产生《圣经》《古兰经》那样全面系统论述宗教思想并广泛传播的著作，也没有产生耶稣那样的传教布道者。

作为中国传统文化主体的儒家文化，宣扬的是一种入世学说，主要探讨人际伦理关系，未涉及宗教信仰问题。而儒家思想又被历代统治者奉为正统，这就制约了宗教在中国的发展。中国传统文化另一重要组成部分道家文化，虽然发展成道教，但道教注重的是对自然法则的探讨，在于修养心性，与基督教信仰上帝有很大区别。佛教经中国化之后演变为禅宗，宗教意味已大为减弱，特别是世俗化的佛教，随意性很强。中国有“杀身成仁，立地成佛”的说法，生动地说明了成为佛教徒并不是一件难事。时至今日，如果你到中国的寺庙去，经常

新年之际，江西九江民众来到位于庐山脚下的世界最高阿弥陀佛铜像——东林大佛前膜拜祈福。东林寺是佛教净土宗的发源地。

可以看到有许多人在那里烧香拜佛。实际上这些人大多数并不是佛教徒，而是通过这种形式来祈求平安，驱灾避祸。在传统中国文化中，天是最大的神，但人们对天是崇拜而不是信仰。中国的先民很早就有图腾崇拜活动，如对龙的崇拜，但这种崇拜只是表达了对自然力的一种敬畏，也不是宗教信仰。中国人有祭祖的传统，一年之中有多个节日是用来纪念祖先的，但这些只是表示对祖宗的怀念、感谢和崇拜，并不是宗教活动。

传统思想文化背景下的中国社会还有许多特殊的现象值得关注。如传统的中国社会是一个“男尊女卑”的社会，女人要裹小脚，同时实行妻妾制度，男人可以娶妾，有地位有权势的甚至可以娶多房妻妾。再如基层乡绅制度。乡绅虽不是政府官员，但与政府有着特殊关系，他们深受儒家文化熏陶，利用自己的文化知识和社会影响，变相为政府服务并获取利益，反过来政府又通过他们有效地实施对基层的治理。又如在皇宫内实行阉官制度，由太监掌管宫内事务等等。

裹小脚的老妇人。这些老人都近百岁了。

传统思想文化对民族性格的塑造

在漫长的历史发展过程中，作为观念形态的中国传统思想文化，注入到了中华民族血液之中，深深影响着中华民族性格的形成。

——自强不息。“天行健，君子以自强不息”，这句话是中国传统文化对有识之士的鞭策，意思是说有作为的人应该效仿大自然生生不息的精神，奋发有为，积极进取，永不停步。孟子将自强不息并且能够忍受艰难困苦看作是成功的必由之路，他说：“天将降大任于斯人也，必先苦其心志，劳其筋骨，饿其体肤，空乏其身……”几千年的历史证明，中华民族是个韧性十足的民族，不管是自然灾害，还是内忧外患，从不向苦难低头，始终持之以恒，百折不挠。

——包容和谐。中华民族具有极强的包容性。中国传统文化的指向总的来说是主“和合”“中和”，主张通过合作化解矛盾和分歧，

苏里南首都帕拉马里博，华裔民众进行舞狮表演，迎接中国传统春节到来。

不主张攻击和侵略，反对战争。这种包容性既体现在对其他民族的接纳，也体现在吸收其他民族优秀的文化成果。在历史上，曾多次发生周边民族进入中原的情况，但最终这些民族的文化都被中原文化所同化，成为中华民族文化的一个重要组成部分。中国人修身讲究“心平气和”，治家讲究“家和万事兴”，治国讲究“和睦兴邦”，发展对外关系讲究“协和万众”。在处理人与人、家与家、国与国的关系时，注重寻求利益共同点，求同存异，相互包容，共同发展。

——勤劳节俭。中国很早便有“克勤于邦，克俭于家”的古训。“勤”是指对所从事的事业要用心去做，竭力而为，不怠慢、不厌倦。“俭”是指珍惜物质财富，合理使用，不奢侈，不浪费。中国文化要求人们做事要珍惜时间，持之以恒，坚持到底。在古代社会，由于劳动生产率较低，劳动成果来之不易，人们只有勤俭才能生存下去，因此，中国的先民很早便以俭为善，以奢为恶。中国历史上流传着许多关于勤

河北省邯郸市罗城头街道电力社区开展“倡导光盘行动，拒绝舌尖上的浪费”文明餐桌倡议活动，引领节约风尚。

俭的名言警句，并一直沿用到今天，如“历览前贤国与家，成由勤俭败由奢”，“成家之道，曰俭与勤”。崇尚勤俭，通过劳动和节俭积累社会财富，是一种最为朴素的兴国兴家美德。

——善良宽容。中国文化讲究“积善成德”，主张多做好事，并认为好事做多了就可以达到一个很高的境界。中国佛教虽然主张出世，但也包含着积极的入世精神。佛教提倡的慈悲济世的情怀，既帮助人们解除现实世界的种种痛苦，还努力协调人与人、人与众生、人与自然之间的关系，缓解各种矛盾和问题，鼓励人们努力向上。中国人的品格中经常表现出去恶从善的特征。中国民间至今流行这样的警句：“善有善报、恶有恶报”，“勿以恶小而为之，勿以善小而不为”，“积善之家必有余庆，积恶之家必有余殃”等等。与善良相统一，中国文化还特别强调“宽容”，主张“宽大为怀”，捐弃前嫌，反对积怨结仇，互相敌视。中国文化中还有乐善好施、同情弱者的优良作风。中国人

江苏南通举行“爱心年夜饭 和谐共团圆”大型现场捐赠活动，向特困、低保、农民工家庭赠送年夜饭。

经常说的一句话是“一方有难，八方支援”，通过团结、友爱、互助，使有困难的人渡过难关。

——乐观务实。儒家文化本身是一种入世的文化，主张积极参与社会活动，做到经世致用。儒家文化尊重现实，证实现实，面对现实，对生活怀着积极乐观的态度，反对悲观和气馁。在儒家文化影响下，中国人历来重视实际，讲究实用，追求事功，反对华而不实，反对清谈玄想。在普通中国人心目中，人活着不是要做出什么了不起的事情来，而是要重视现实，不逃避现实问题，积极进取。儒家文化强调学习不是简单的知识积累，而是为己之学，通过学习来提升自己的修养，以使自己在社会生活中有所作为。正所谓：“究天人之际，通古今之变，成一家之言。”

——中庸适度。受传统文化影响，中国人做事情讲究“中庸之道”，就是主张做事情要适度，超过一定的度，反倒不能达到目的。

陕西咸阳市统一广场上，千人表演太极拳。

中庸不是调和，而是要恰如其分。如饮食一样，吃得太饱会撑得难受，吃不饱饿着也不行，要恰到好处。又如一个人穿鞋，鞋大了或小了走起路来都不方便，要适合脚的大小。中国文化有盈极则亏、物极必反的思想，说的就是不要把事情做过了头，否则事情就会朝着相反的方向发展。

——忧患意识。中国人的生活态度是积极乐观的，但同时又充满了忧患意识。孟子说："生于忧患，死于安乐。"在不同历史时代，仁人志士有着不同的忧患，或忧君国之衰败，或忧民族之危亡，或忧黎民之困苦，使忧患意识成为中华民族的品格。中国历史上留下了许多体现忧患意识的名言，"先天下之忧而忧，后天下之乐而乐"，"生年不满百，常怀千岁忧"，"天下兴亡，匹夫有责"，"家事、国事、天下事，事事关心"，"位卑未肯忘忧国"，"身无半文，心忧天下"，等等，激励国人达到"乐以天下，忧以天下"的博大而崇高的境界。

传统文化对中华民族性格的塑造也存在一些负面的东西。由于过分关注现实，理想主义成分相对少些；中庸思想带来了自给自足的心理，安于现状，缺少探索冒险精神；存在一定的自大心理，封闭保守；墨守成规，遇事总是"往回看"，不善于超越前人；等等。

古代中外文化的交流

受高山、大漠、高原、海洋等地理环境的影响，古代中国与外部世界的交流并不顺畅，但这并不意味着古代中国与外部世界缺少交往。高度发达的中国古代文化曾深深地影响了外部世界的文明进程，同时在其漫长的历史发展中，也融合了外部文化特别是中亚、南亚文化。

丝绸之路是古代中国与外部世界进行交流的主要通道。丝绸之路的开通始于汉代，汉朝原本是想通过联合中亚国家抗衡北方草原上的匈奴政权。通过丝绸之路，中国与中亚、西亚国家开始了政治、经济、文化、军事等方面的交往。从两汉到明代，也就是从公元前 3 世纪末至公元 17 世纪长达 1500 多年间，丝绸之路一直承担着中国与欧亚一些国家发展关系的任务。丝绸之路是古代东西文明的交流之路，对东

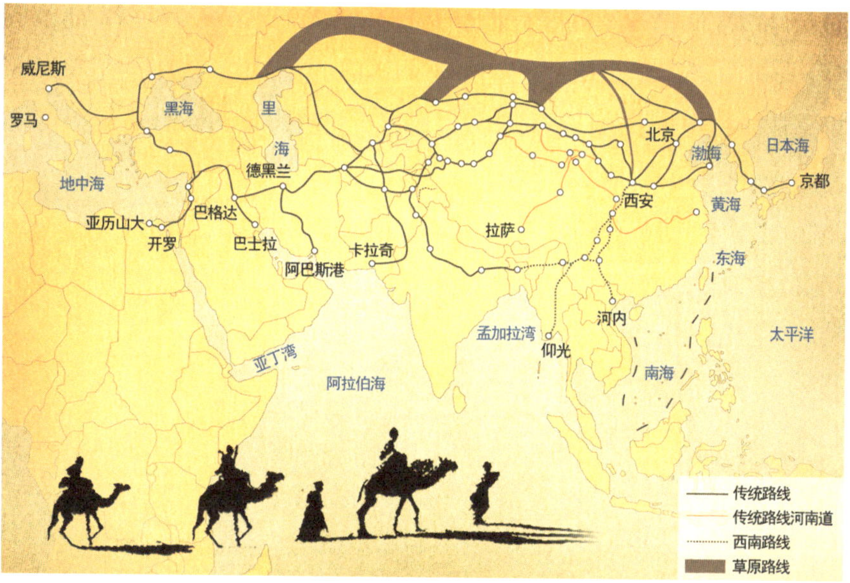

陆上丝绸之路示意图

西方文明发展影响重大，时至今日，仍在发挥作用。近年来，中国提出，与沿途各国共同建设“丝绸之路经济带”，造福各国人民。这种新合作必将使丝绸之路重新焕发生机。

历史上，跋涉在丝绸之路上的主要是从事贸易活动的商人，早期以贩运中国产的丝绸为主，故称“丝绸之路”。当时，中国的丝绸在中亚、南亚和欧洲等地很有名气。罗马作家培利埃该提斯说：“中国人制造的名贵彩色丝绸，就像田野里盛开的美丽的花朵，它的纤细简直可以和蜘蛛织的网相媲美。”中国的茶、香料、瓷器、漆器、铁器、药材等物产，天文、医学、音乐、建筑等各个领域的知识，特别是造纸、印刷和火药技术，也通过丝绸之路运往或传到中亚及其以西的地区，深刻影响了人类文明进程。与此同时，丝绸之路也将中亚以西的文明传入中国，特别是宗教和艺术，影响了中国文化的发展。佛教就是通过丝绸之路传入中国的，并很好地与中国文化结合起来，实现了本土化。伊斯兰教等宗教也通过丝绸之路传入中国西北地区，对当地社会

唐时各国使节在长安。

发展产生重大影响。中亚以西地区的杂技、戏剧、音乐、舞蹈，通过丝绸之路传入中国，对传统中国艺术的发展起到推动作用。丝绸之路在公元 7 世纪至 10 世纪的唐代时最为繁荣，当时中外交流频繁，中亚以西许多国家的使节通过丝绸之路来到中国唐朝首都长安。

为促进欧亚各国经济联系更加紧密、相互合作更加深入，发展空间更加广阔，2013 年，中国政府提出了建设“丝绸之路经济带”的战略构想。古老的丝绸之路即将重新焕发勃勃生机。

谈到古代东西方文明交流，不能不提基督教的传入及其对中外文化交流的影响。

早在唐代时，就有景教（基督教中的聂斯托利派）通过丝绸之路传入中国，此后景教在中国的发展时起时落，没有形成大的规模。孟特高维诺是罗马天主教在中国传教的第一人。他于 1293 年在福建泉州

利玛窦在中国时的画像

登陆，1294 年抵达元朝首都大都，开始传教，以后在北京传教服务 30 多年。明清之际，耶稣会士通过海上来到中国，试图进入中国内地传教。1557 年，葡萄牙强租了中国的澳门，使澳门成为天主教在东方传教的重要据点。1583 年，意大利耶稣会士利玛窦（Matteo Ricci，1552—1610）进入中国南方广东传教。他试图使天主教中国化，调和天主教与中国文化而使中国人接受天主教。他甚至穿上中国佛教徒的服装，以为这样就可以与中国文化融为一体。他以西方科学作为传教手段，努力学习中国的儒家文化，并通过撰写中文著作，宣讲西方伦理和基督教义。1600 年，利玛窦因向明朝万历皇帝进贡自鸣钟而获准留居北京，期间他广泛结交士大夫，并争取其同情。经过多年在中国的传教活动，到 1610 年他在北京病逝时，全中国约有天主教徒 2500 人。早期传教士对向中国传播西学发挥了很大作用，他们与中国的一些士大夫一起翻译了大量西方科技书籍。

德国传教士汤若望像，绘于 1904 年以前。

德国人、罗马教廷科学院院士汤若望（Johann Adam Schall von Bell，1592—1666）是利玛窦之后又一位在中国产生重要影响的传教士。他因准确预测日食而被任命为中国掌管天文的钦天监官员。他与比利时人南怀仁（Ferdinand Verbiest，1623—1688）曾为在中国推广西方历法而积极努力，虽遭一些中国士大夫的坚决反对，却得到清朝康熙皇帝的支持。据统计，到1701年，中国已有130名天主教传教士，教徒近30万。

此后，发生了“礼仪之争”，即天主教是否应该中国化，具体问题是如何翻译“造物主”及中国教徒是否可以参加祭祖祭孔等礼仪活动。代表利玛窦的一派传教士认为，儒家经典中的天与天主教的天主意义相等；中国人的祭祖祭孔活动只是一种崇拜，这类活动与信仰天主教并不矛盾。反对派的看法与此相反。双方争论激烈，最后罗马教廷下令严禁中国教徒祭祖祭孔，康熙皇帝针锋相对，下令严禁在中国传教。这场争论从中国内部发展到外部，从东方发展到西方，持续了一百多年，最终天主教再次被中国拒之门外。但也正是这场礼仪之争，引起了欧洲人对中国文化的热情，一时间介绍中国历史、哲学、地理、艺术、风俗的图书在欧洲广为流行，谈论中国成为热门话题。利玛窦在他的《基督教进入中国史》一书中对中国的儒学、佛教和道教一一作了介绍。他认为“中国最伟大的哲学家是孔子”，称其“一生以言以行以文字，诲人不倦。大家都把他作为世界上最大的圣人来尊敬。实际上，孔子所说的，和其生活态度，绝不逊于我们古代的哲学家，许多西方哲学家无法与他相提并论。”

中国传统思想文化对周边地区一些国家的影响更大。特别是古代的朝鲜半岛和日本列岛等东亚地区，与中国有着紧密的关系。公元7世纪至10世纪唐朝时，中国文化高度发达，日本先后派出13次遣唐使到中国，考察唐文化和制度。日本还派留学生到唐朝的最高学府——国子监学习。留学生回国后，由日本朝廷按其所学，安排在教育、医

《东征传画册》，描绘的是东渡日本传道的中国唐朝高僧鉴真的故事。

学、刑律、艺术等不同部门。6 世纪，佛教由中国传入日本，很快就成为日本最大、最有影响的宗教。日本专门派留学僧来中国投拜高僧名师，学习佛教知识。唐朝高僧鉴真应日本僧人邀请，历经 11 年努力，终于在 753 年成功东渡日本。鉴真在日本度过了一生中最后的 10 年，以其丰富的学识，对日本的宗教、建筑、医学等方面作出了重大贡献，成为中日友好的象征。646 年，日本进行了著名的“大化改新”，模仿中国隋唐的政治、经济制度，对日本社会进行全面改革，使日本进入新的发展时期。

中国传统思想文化对古代朝鲜也产生了重要影响。公元 6 世纪末到 10 世纪隋唐时期，朝鲜半岛的新罗政权也派遣留学生到中国学习，并派遣僧人来唐求法。在政治制度方面，新罗仿隋唐的三省六部体制，建立了中央行政机构，并仿隋唐地方制度，建立州郡体制。新罗还按照隋唐模式，建立教育制度，开设国学，讲授中国的《论语》《春秋》《孝经》等儒学典籍，并实行科举取士制度。

囍

正大光明

农业文明时代的发达国家

中国以农业文明时代的发达国家而载入人类史册。中外历史学家们较为一致的看法是，古代中国代表着农业文明，在相当长时期内，其生产力和社会发展水平处于世界领先地位。在长达 2000 多年的时间里，中国的先民们辛勤劳作、善于创造，以自己的智慧和汗水，丰富和发展了人类文明。

农业的进步和手工业的发展

在中国西南的四川省，有一个在先秦时期设计建造的防洪灌溉工程，距今已有2000多年的历史，但仍然发挥着作用，这便是有名的都江堰水利工程。

古代中国以农业为主体经济形式。黄河、长江、珠江、辽河等主要水系形成的冲积平原，为发展农业生产提供了良好的自然条件。中国历代王朝都视农业为立国之本，并通过有效政策措施，鼓励农业生产。在历史上相当长一个时期，中国的农业生产技术水平处于世界领先地位。

早在商周时期，中国人就开始从事农耕活动。当时主要的农作物有稷（小米，俗称谷子）、黍（大黄米）、麦（有大麦、小麦之分）、菽（豆类总称）、稻（今称水稻）。春秋时期，铁器已用于耕种，并

都江堰水利工程三大景观之一“鱼嘴分水堤”

出现了牛耕，农业生产得到进一步发展。秦汉时期，随着生产工具和生产技术的提高，特别是水利灌溉的运用和政府组织的垦荒运动，北方农耕经济区扩大。从汉朝开国到汉武帝即位的70年间，由于国家没有经历严重的战争及动荡，天下太平，加之风调雨顺，没有出现大的自然灾害，民间人给家足，城乡大小粮仓都得到充实，国家财政也多有盈余。有文献记载当时粮食丰收情况：国家粮仓太仓的存粮因年年堆积，不得不露天存放，结果导致粮食腐烂而不可食用。而在民间，人们竞相比富，大小人家都风行养马，并在乡间小路上成群驰游。东汉以后，中国长江流域农业经济开始得到较快发展，广大的南方地区开始出现水稻一年两熟制，农业生产水平进一步提高。

唐代前期，中国农业经济的发展达到了一个新的高峰。当时，生产发展，粮食丰溢，人户增多，民生殷实。农业耕种面积扩大，全国从北到南，所有平地都被开发利用。人口增长迅速，到732年，全国有人口4543万，比唐初增加一倍半以上。宋代时，全国大力兴修水利，

公元50至1820年中国、欧洲、印度次大陆以及全世界人口情况估算（单位：百万）

年代	中国	欧洲	印度次大陆	世界
50	40	34	70	250
960	55	40	—	300
1280	100	68	—	380
1500	103	72	110	425
1700	138	96	153	592
1820	381	167	209	1049

资料来源：转引自[德]康拉德·赛茨《中国：一个世界强国的复兴》，国际文化公司2007年4月第1版。

推广灌溉，江河湖泊多被利用，灌溉面积增多，精耕细作加强，粮食产量提高。清代康熙、乾隆年间，由于实行与民休息政策，减轻农民负担，鼓励农业生产，使中国历史上又出现了一次农业生产空前发展、人口迅速增加时期。

中国古代社会重视农业生产，同时也重视总结农耕经验，以便推广应用。秦以前，中国便出现了讨论农学的文章，不仅研究农业技术，也探讨农业政策。先秦重要文献《吕氏春秋》中保存了四篇有关农学的论文。《氾胜之书》是西汉时一部重要农学著作，以今天陕西关中地区作为试验基地。东汉时期有《四民月令》一书，记述今天河南洛阳一带农耕生活。北魏时贾思勰所著《齐民要术》一书，是中国古代一部重要农学著作，介绍当时黄河中下游地区农业生产技术。据研究者统计，中国古代历史上研究农学的著作有300多种。农学研究的热门从一个侧面反映了农业文明的发达。

手工业是农业经济的重要补充。手工业的发展推动了农业生产的发展，也使农业文明的形式和内容得到丰富。在中华文明的起源时期，陶艺、纺织和玉器制作等已经具备相当的工艺水平。商周时期，手工

南京博物院陈列的唐三彩文物展品

表白釉酒壶和温酒器

业开始成熟，被称为“百工”，当时的玉器和青铜器已表现出较高水准。春秋战国时期，铁器铸造成为重要的手工业部门，多种铁器用于战争、社会生产和生活之中。汉代炼铁、铸铁和制钢业、丝织业、漆器制造业以及造纸业兴起。隋唐时铸造业发展迅速，金属制造水平大大提高，制瓷技术更为成熟。唐代生产的白瓷如同白雪，青瓷有如清霜。宋代手工业规模扩大，分工进一步细化，技术、质量达到前所未有高度，著名的景德镇瓷窑这时处于极盛时期。明代棉织业、冶铁业进步快，最大的铁炉可容矿石 1000 多公斤，日出铁 500 多公斤。清代手工业规模不断扩大，分工更细，景德镇御窑厂正常年产量可达 10 多万件。

中国古代手工业的经营形式以官营为主。宋代以后，特别是明代，民营手工业逐步发展起来。明代中叶开始，由于民间消费需求旺盛，民间纺织业开始大大超过官营纺织业，并出现了雇佣劳动和手工工厂经营方式。

公元 50 至 1820 年中国、欧洲、印度次大陆以及全世界人口情况估算

（单位：百万）

年代	中国	欧洲	印度次大陆	世界
50	40	34	70	250
960	55	40	—	300
1280	100	68	—	380
1500	103	72	110	425
1700	138	96	153	592
1820	381	167	209	1049

资料来源：转引自 [德] 康拉德・赛茨《中国：一个世界强国的复兴》，国际文化公司 2007 年 4 月第 1 版。

远居世界前列的科技水平

中国"在公元3世纪到13世纪之间保持着一个西方望尘莫及的科学知识水平"，这是英国著名中国科技史专家李约瑟对中国古代科技的评价。中国古代科技在很长的时间里曾走在世界的前面，不仅为人类贡献了"四大发明"，并且在天文学、气象学、医学、农业、植物学、动物学及水利交通、土木建筑、园林设计、金属冶炼、船舶制造、陶瓷制造、纺织印染等诸多领域，也领先世界。

"四大发明"——造纸术、印刷术、火药、指南针，是古代中国奉献给世界的重大科技成果，改变了人类文明进程。

人类采用纸作为书写材料，无疑具有革命性。造纸术发明于汉代。此前中国的先民曾采用龟甲、竹木、缣帛等作为书写材料。这些材料或者笨重，或者珍贵，造价高，使用不方便。东汉时，宦官蔡伦总结前人经验，改进造纸方法，发明植物纤维造纸术，使纸的产量大为增加。此后经过长期的发展，特别是到宋代时，造纸技术更加成熟，竹纸、草纸已广泛使用，并出现了《纸谱》这样专门总结造纸技术的著作。中国的造纸技术首先在3到4世纪传到越南、朝鲜、日本等周边国家，8世纪前后传到中亚地区，11到13世纪传到北非和欧洲。

东汉蔡伦像

如果说纸的发明方便了人类书写，那么，印刷术的发明则方便了人类获取知识，同样对推动人类社会发展具有革命性作用。大约在发明造纸术几个世纪之后，也就是 6 世纪初的隋唐之际，中国人发明了雕版印刷术。这种技术是把文字刻在一整块木板上，然后在木板上加墨印刷。到五代时，又出现了铜版印刷技术。宋代雕版印刷业空前繁荣，刻印了大量经书、史书、医书以及佛教、道教典籍，并且发明了套色印刷技术。活字印刷术的发明无疑是印刷术发展史上一次重大变革。北宋时一个叫毕昇的平民，发明了用泥造的活字印刷技术，从此人们不必再采取整块雕版的做法，而是改用活字排版。此后的元、明两代，中国人还发明了木活字和锡、铜、铅等金属材料制成的活字。中国的印刷术自唐朝起开始外传，先到日本、朝鲜，接着传入东亚、南亚和西亚各国，并经波斯传到北非和欧洲。1456 年，德国人古登堡开始用活字印刷《圣经》。印刷术传到欧洲后，对欧洲文艺复兴和宗教改革运动起到了重要促进作用。

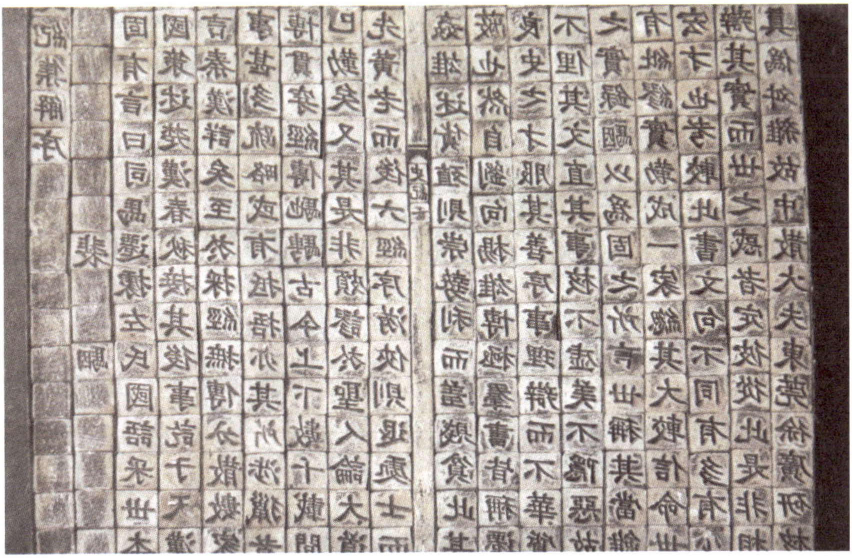

毕昇泥活字板（模型）

汉代司南（仿制品）

将火药用于战争，是战争手段的一次重大升级，影响深远。火药的发明与中国道教的炼丹术有关。炼丹就是通过提炼各种各样的药物和矿物质，以期获得一种有益身心健康和能够长生不老的药物。古代道教方士在炼丹过程中逐步认识到制造火药的硫磺、硝石的化学性质。火药于魏晋南北朝时发明，到唐朝时已经被用于军事领域，北宋时已形成规模生产，并出现了与之相配的火器，如弓火药箭、弩火药箭、喷气式火箭、管形火箭等。中国发明的火药技术约在 13 世纪初经过印度传入阿拉伯国家，欧洲人在与阿拉伯人的战争中也学到了制造火药和火药武器。

指南针的发明使人们明确了东西南北，从此不再迷失方向。早在战国时期中国人就发现了磁铁的指极性，并发明了磁性指向仪器“司南”。到宋代，人们发现了人工磁化的方法，进而发明了指南针，并使其成为航海的工具，“夜则观星，昼则观日”的天文导航方法渐被淘汰。指南针在航海领域的广泛应用，开创了人类航海活动的新纪元。正是由于指南针技术的成熟，到明代初期才有了郑和七下西洋这一航海史上的伟大壮举。大约在 12 世纪到 13 世纪时，指南针由中国传到阿拉伯国家，此后再到欧洲，对欧洲航海业的开辟和新大陆的发现起到了重要作用。

在天文学领域，包括天象观测、历法推算和天文仪器制作等多方面，古代中国也取得了举世公认的成就。中国最早的编年体史书《春秋》记载日食37次，有33次可靠，并对月食、流星雨、哈雷彗星、太阳黑子、极光等天文现象多有记载。中国古代特别重视制订历法，在先秦时即确定岁实（回归年）为365.25日，是当时世界上最精密的历法之一。以后各朝代差不多都有自己的历法，最著名的是元代天文学家郭守敬制订的《授时历》，确定的回归年长度为365.2425日，与今日世界历法所用值完全相同。中国古代创制的天文仪器种类繁多。在汉代，科学家张衡创制了一种新的浑天仪。这种仪器以漏壶滴水为动力，推动其内部的齿轮装置，每天匀速转动一周，以演示星宿的出没，与天文观象台所内的星象完全符合。

古代中国是最早建立数学体系的国家。东汉时，经众人撰写、修改、补充，集中了先秦以来数学成就之大成的著作《九章算术》问世，开创了古代中国数学体系。该书以解决日常生活需要为主，涉及算术、

上海科技馆前的浑天仪

代数和几何等多方面的数学问题，其中关于分数的概念和分数运算、比例问题的计算、负数概念的引入和正负数的加减运算法则、联立一次方程组的解法等，都比印度早 800 年以上，比欧洲早千年以上。南北朝时，数学家祖冲之所求得的圆周率，精确到七位小数，早于世界其他同类计算 1000 年以上。

在近代西方医学出现之前，中国医学的发展曾居世界前列，并且形成了自成体系的中医学。成书于汉代的《黄帝内经》，是中国最早的一部比较完整的医学理论著作，千百年来一直指导着中医的临床实践。东汉末年，医学家张仲景写成《伤寒杂病论》，奠定了中医治疗学基础。明代医学家李时珍终其一生所撰写的《本草纲目》一书，系统总结了 16 世纪以前的中医药理论。

中医理论的出发点是“气”，气又分阴阳，阴阳平衡是人体健康的最根本的因素，如果阴阳失去平衡，就会产生各种各样的疾病。中医理论的另一思想是五行学说，这一学说把天地万物归纳成木、火、土、金、水，它们彼此相生相克，相生是木生火、火生土、土生金、金生水、水生木，相克是木克土、火克金、土克水、金克木、水克火，只有把握这一整体的相关性，才能认识病因、病理，做到辨症施治和用药，达到治病救人的目的。

完整的政治、法律与选官制度

与以农业为主体的经济体制相适应，中国自秦汉以后建立了一套完整的政治、法律和选官制度。这套制度体系与西方国家多有不同，具有鲜明的古代东方特色。

政治制度

从秦汉起，中央集权制度和君主专制制度逐步建立、巩固和发展起来。

秦汉在中央建立了"三公九卿"衙门机构，负责执行政策、管理事务。三公是丞相、太尉、御史大史。三公之下设九卿，即奉常、郎中令、太仆、卫尉、典客、廷尉、治粟内史、宗正、少府。"三公九卿"制度使政权机构分工更为严密和系统，也大大加强了皇权，为后世各朝代所沿袭。秦汉在地方实行郡县两级制，后改为州郡县三级制。

故宫乾清宫中的皇帝座位

如前所述，中国的帝制起于秦代。帝制是中国古代政治制度的核心。帝制就是君主制，君主被视为天子，地位特殊，权力无边。即使是称呼，帝王也与一般人不同。从汉代起，皇帝都有特殊的庙号、谥号、年号。通常，一朝开国皇帝的庙号称祖，如汉高祖、唐高祖等；用最能表达皇帝功绩的文字作为其谥号（死后的称号），如“文”“武”“元”“景”等；用具有特殊指意的词汇来概括皇帝的年号，如“建元”“贞观”“天宝”“康熙”“乾隆”等。

为保证帝位的顺利传承，从汉代起建立了太子制度。所立太子可以是皇帝的儿子，也可以是皇帝的兄弟，所谓“父死子继，兄终弟及”。如果皇帝因年幼等原因无法处理政务，皇帝的母亲可以代理，这便是太后听政制度。这一制度埋下了太后及其亲信与皇帝及其周边人争夺皇权的隐患。太后（或皇后）的亲信通常与太后（或皇后）有血缘关系，被称为外戚；皇帝身边的人因在宫中生活而遭阉割，被称为宦官。中国历史上，因外戚与宦官专权而导致朝政不稳的事件屡有发生，因争夺太子位而发生的朝廷内斗也时有发生。

中国古代的帝王制度发展到隋唐时臻于完备。隋唐进一步完备了宰相制度。宰相是辅佐皇帝处理政事的最高行政长官，其他百官均受其节制统辖，故中国民间关于宰相的地位有“一人之下、万人之上”的说法。关于宰相的名称，历朝历代不尽相同。以丞相作为皇帝的辅佐，始于秦汉。但由此也引发了皇权与相权的矛盾。到了隋唐，对宰相制度作了较大改革，实行集体宰相权，通过集体议事的方式分割相权，以消除皇权与相权的矛盾，使相权完全服从皇权。为帝王政治服务的中央机构设置，隋唐时已相当完备，这便是“三省六部”制。三省为尚书省、中书省、门下省，其中尚书省为最高行政机构，下设吏（人事）、户（人口）、礼（礼仪）、兵（作战）、刑（司法）、工（工程）六部；中书省为最高决策机构；门下省为最高审议机构。

隋朝“三省六部”制

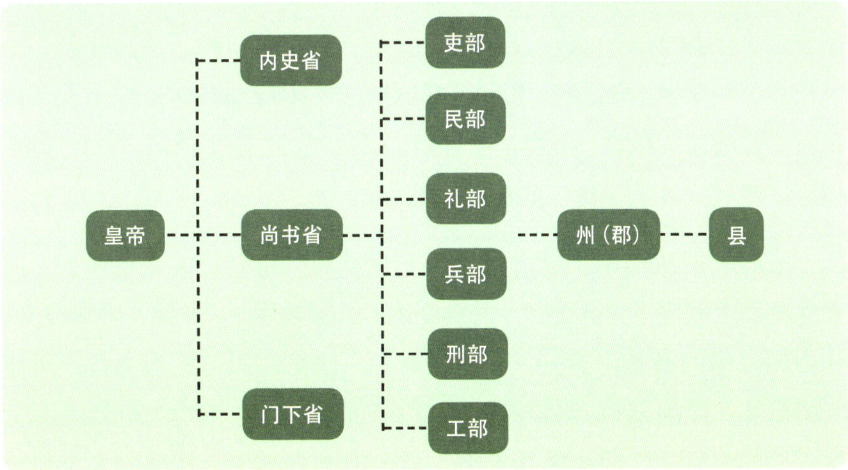

明清两朝时，帝王专制得到进一步加强与再度发展。明太祖朱元璋为防止权臣专权，废除丞相制度，由皇帝直接统领六部，处理政务，强化了皇权。为保证皇权，加强对百官的监督，明朝还建立了以宦官统领的东厂、西厂、锦衣卫等特务组织，使专制政治达到无以复加的地步。明清在地方建制上沿用元代的行省制，明分全国为十三行省和南北两直隶，清分全国为十八省，并由中央政府直接管辖东北、内蒙古、外蒙古、回部、西藏五个地区。清末，又陆续增设了新疆省、台湾省和东北的奉天、吉林、黑龙江省。

法律制度

中国古代法制以维护皇权为根本，基本框架是“礼刑一体”，实行多法合一，司法行政不分。

秦崇尚法治，制订《秦律》，其内容多达 29 种，涉及政治、军事、农业、市场管理、货币流通、交通运输、行政管理、案件审理、诉讼程序等各个方面。秦坚持轻罪重刑，严刑酷法。严酷的法律并没有使秦万世长存，反而激起了人民的极大不满，加速了秦王朝的灭亡。汉初汲取了秦灭亡的教训，崇尚法律宽简，制定了《九章律》。汉统治稳定后，法律条文日繁。汉律有律、令、科、比四种，律为律条，令为诏令，科为法律应用，比为案例类推。汉律特别强调皇权至上，以儒家学说为法理依据，坚持礼法并用，以礼入法，德主刑辅，先教后刑，奠定了此后“礼刑一体”的法制体系。

隋唐时期法律制度建设得到进一步发展。隋制定《开皇律》，唐在此基础上制定了《武德律》《贞观律》《永徽律》，并编《唐律疏义》和中国最早的行政法典——《唐六典》，法律形式已相当完备。唐律坚持以礼入律的原则，明确规定：“德礼为政教之本，刑罚为政教之用。”在刑罚的类别上，将刑分为五等。在法律的实施上，特别完善了死刑复核程序。加强法制监督，实行初审、复审、监督“三法司”制。

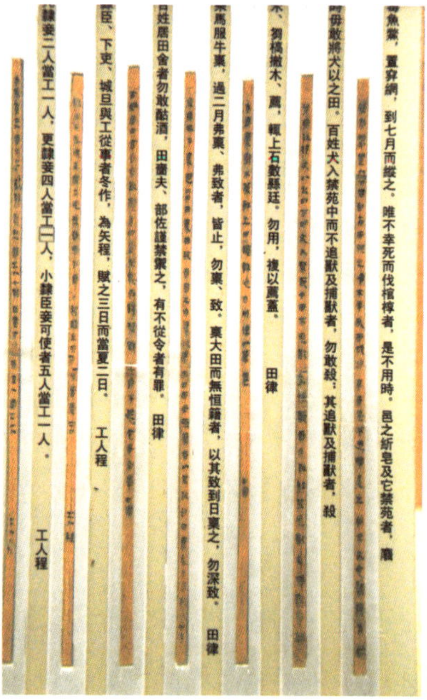

秦代《秦律十八种》竹简

明清两代的法律制度是一个体系。明有《大明会典》，清有《大清律》。两朝都通过编订条例的做法来补充法律不足，《大清律》到清末时仅例就有近2000条。清代司法中“例”占具优先地位，有例从例，无例从律。明清两朝治国宽严不同，明以重典酷法治国，清较宽容。

选官制度

中国古代建立了与君主专制制度相适应的较为完备的官员选拔制度，这一制度经历了推荐、出身、考试等多个发展阶段。

汉代形成了一套完整的选官制度，主要有察举、征召、辟除、任子、赀选等方式。察举是推荐官员制度，由中央政府重要部门官员和地方政府主要官员向皇帝推荐能够担任官员的人才。征召是皇帝对特殊人才直接征用的选官制度。辟除是长官直接聘任部下的一种方式。任子是对高级官员子弟的一种特殊照顾方式。赀选是对官吏的资产限制。上述选官制度的实施，建立了以儒家思想为原则的官吏标准，形成了以文人为主的职业官吏队伍。

从魏晋到隋初，九品中正制成为特有的选官制度。根据这一制度，朝廷在各州和各郡设立中正一职，专门负责品评人才。中正根据品评标准和掌握情况，把士分为九等，即上上、上中、上下、中上、中中、中下、下上、下中、下下，以备选用。中正只有品评权，没有任命权，需要将自己的品评意见提交给政府，作为政府用人的依据；政府虽有任用权，但必须根据中正的评定来任免官员，不得擅自做主。这就形成了中正与掌握用人权的政府官员之间的牵制。从表面上看，这一制度有其合理性，但这一制度适应了门阀政治的需要，实际情况是中正一职大多为世族把持，任用官员，全凭门资。

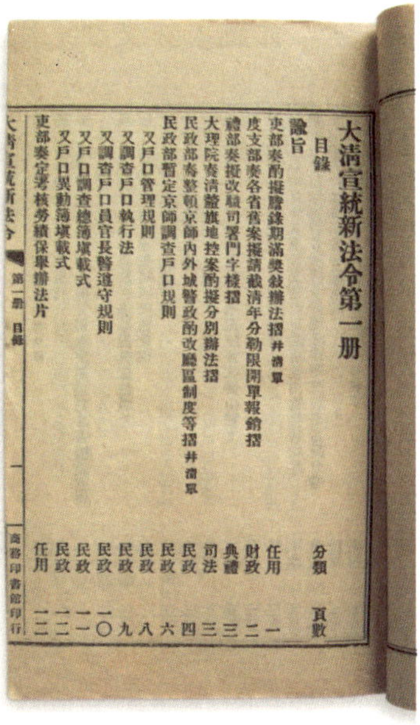
大清宣統新法令第一册

目錄	分類	頁數
諭旨		
吏部奏酌擬謄錄期滿獎敘辦法摺并清單	任用	一
度支部奏各省舊案擬請截清年分勒限開單報銷摺	財政	二
禮部奏擬改驗司署門字樣摺	典禮	三
大理院奏清釐旗地控案酌擬分別辦法摺	司法	三
民政部奏整頓京師內外城警政酌改廳區制度等摺并清單	民政	四
民政部暫定京師調查戶口規則	民政	六
又戶口管理規則	民政	八
又調查戶口執行法	民政	九
又調查戶口員官長警遵守規則	民政	一〇
又戶口調查總簿填載式	民政	一一
又戶口異動簿填載式	民政	一二
吏部奏定考核勞績保舉辦法片	任用	一二

大清宣統新法令 第一册 目錄 一

商務印書館印行

《大清律》书影

科举制是中国古代官员选拔上的一大创造。这一制度创建于隋，发展于唐，规范于宋，完善于明清。隋逐步形成秀才、明经、进士三大科目选官。唐发展了隋科举之法，特别是进士和明经两科，每年考

宋代《科举考试图》

试一次，每次录取几十人不等。考试内容主要是中国传统文化中的经学知识、经学理论、政论见解和文采辞章。宋对科举制度进行了调整，在考试程序和方法上有了严密的规定，使其趋于规范化，共录取五万多人。明清科举更加严密、规范，制度已相当完备。明清科举与宋元相比，最大的不同是八股取士。八股是一种文体，以宋代儒家注释的“四书（《大学》《中庸》《论语》《孟子》）五经（《诗》《书》《礼》《易》《春秋》）”命题，作文要采用特定的格式，仿古人语气，替圣贤立言。明清科举三年一次，分为乡试、会试、殿试三级：乡试考取者为举人；会试第一名俗称会元；殿试取中者为进士，并分三甲，其中一甲三人，依次为状元、榜眼、探花，赐进士及第。科举考试不受出身限制，“朝为田舍郎，暮登天子堂”，为包括普通百姓在内的社会各方人员踏上仕途提供了可能，也为天下才俊施展才华提供了机会。

中国古代创立的政治、法律和选官制度，是农业文明的产物，历史地看，这些制度有利于稳定统治秩序，吸纳社会精英，提高官僚队伍素质，但同时它又与皇权专制的家天下体制相适应，以帝王人治为根本。

自成一体的语言和文字

中国是语言和文字产生较早的国家之一，并且形成了自己特有的语言文字体系，这便是汉语和汉字。

在秦以前的春秋时期，汉语就出现了共同语。汉代时，更是以说同一种语言的汉族的“汉”字作为朝代名称。自 12 世纪以来，北京话成为北方话的代表。现代汉民族共同语的标准语在中国内地和香港、澳门称为普通话，在台湾称为国语，在海外华人当中称为华语。现代汉民族共同语以北京语音为标准音，以北方方言为基础方言，以典范的现代白话文著作为语法规范。汉语在发展中经历了古代汉语、近代汉语和现代汉语三个阶段。古代汉语是古代用语，其书面语是文言文；现代汉语是近百年来形成的，有口语和书面语两种形式，两者表达基本一致。与古代汉语相比，现代汉语更通俗且易理解，便于使用。汉

一所小学正在举办汉字听写大赛。

语属汉藏语系，是世界上使用人数最多的语言，除中国外，还是新加坡的官方语言之一，是联合国正式语文和工作语文之一。

汉语有自身的特点。从音节结构看，汉语音节结构整齐。汉语音节由声母和韵母组成。如：

音节	声母	韵母
dong	d	ong
xi	x	i
nan	n	an
bei	b	ei

汉语每个音节都通过声调区别其意义。在普通话中，hān（酣）hán（韩）hǎn（喊）hàn（汗），这四个音节的声母韵母都相同，但由于声调不同，表示的意义也不同。汉语中还有一些同音字，它们的读音相同，字形不同，表达的意义和用法也不同。如："红""宏""虹"，虽然都读"hóng"，但意义、用法完全不同。这些也是外国人学汉语的难点。

汉语中的词是由语素构成的。如"国"一词，由一个语素构成；"宇宙"一词，由"宇"和"宙"两个语素构成；"人民币"一词，由"人""民""币"三个语素构成；"窈窕"一词虽然有两个字，但算一个语素；另外像"巧克力"一词，有三个字，也算一个语素。

汉语与英语等语言不同，它不追求句子形态变化，注重的是词序，即词在语句里的顺序，通过词序反映语法关系，表达不同意思。如："我要学"，"要我学"。汉语是不断发展的，直至今日。汉语语言发展的总体趋势是简化。汉语词汇发展的一个明显趋势是从以单音词为主，发展到以复音词为主，而且双音词在复音词中占多数。如：曾—曾经；可—可以；但—但是；宾—宾客、目—眼睛、日—太阳。

任何一个来到中国的外国人都会发现，中国的北方、南方，东部、西部，人们总是操着不同的口语在进行交流，而这些口语在语音、词汇、语法上存在着一定的差别，有些甚至相差很大，这便是汉语的方言。由于历史和地理的原因，现代汉语方言可分为七个大区：北方方言，也称北方话，分布在长江以北广大地区；吴方言，也称江浙话，分布在江苏南部和浙江省；赣方言，也称江西话，分布在江西大部和湖北局部地区；湘方言，也称湖南话，主要分布在湖南；客家方言，也称客家话，分布在广东、广西、福建、江西、四川等地；闽方言，也称福建话，分布在福建、台湾、海南和广东部分地区；粤方言，也称广东话，分布在广东大部和广西部分地区。

汉字用来记录汉语已有 3000 多年的历史，一直用到今天，没有中断过，是世界上最古老的文字之一。

汉字最早被记录在甲骨上，称为甲骨文，时间上属于商代。现共出土了十多万片，有单字 3500 多个，能认出的约占三分之一。甲骨文是一种象形程度较高的汉字。稍晚于甲骨文的另一种汉字是金文，属青铜器铭文。秦建立全国性政权后，实行“书同文”，以小篆为标准字，同时还有一种叫隶书的汉字。汉字发展到小篆和隶书阶段时，字型和结构发生了很大变化，象形色彩渐少。到东晋时，在隶书的基础上产生了楷书；后来楷书发展成熟，成为汉字基本字型，直至今日。

汉字字型演变举例

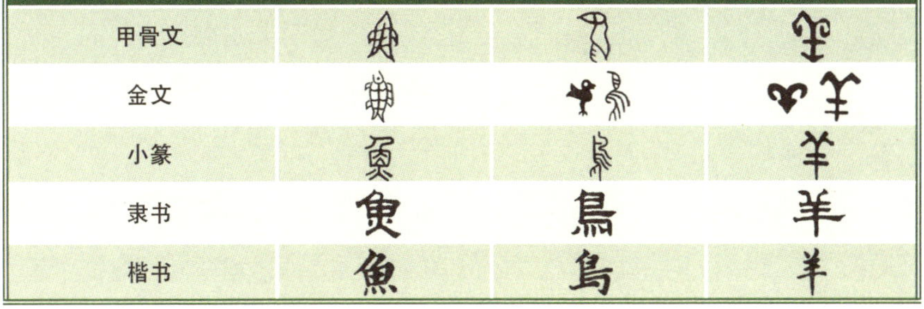

汉字与英文等拼音文字不同。英文的基本单位是字母，字母只有音没有义，而汉字的基本单位是单字，一个个单字既有音又有义，因此汉字是表意文字。英文只有 26 个字母，单词由字母构成，而汉字由笔画构成，有的多达几十画。

汉字结构虽复杂，较难把握，但主要有四种。一是象形，就是通过描画事物外形造字。如：鱼，像鱼形；水，像水形。二是指事，就是在象形符号的基础上加上抽象符号造字。如：母，在“女”中加两点，指出哺乳妇女的特征；卒，在“衣”上加一撇，指士卒穿的有标志的衣服。三是会意，就是把几个表意符号组合在一起造字。如：益，像水从器皿中满溢的样子，后来写成“溢”；监，表示用眼睛向有水的器皿里看，照镜子，后来写成“鉴”。四是形声，就是把表意的意符和表音的音符结合起来造字。如：铃，从金令声，表示铃铛；江，从水工声，表示江河。

在世界各种文字中，汉字单字的数量是最多的种类之一。汉字究竟有多少，难以准确统计，有人估计自古至今累计起来应在 6 万个以上。但在现代汉语中，常用汉字只有 3500 个，其中最常用的有 2500 个。这一数字与英语日常用词大体相当，从这个意义上说，学习汉语并不是一件十分困难的事。

无与伦比的文学成就

中国文学源远流长、成就辉煌。中国古代文学以其特有的形式，极大地丰富了人类文明成果。中国古人从不吝啬自己在文学方面的创造性。在不同的历史时期创造了诗、词、曲、赋、散文、骈文、小说、戏剧等各种文学形式，佳作迭出，精彩纷呈。

《诗经》《楚辞》

诗是中国古代文学的一种重要形式。中国现存最古老的文学作品《诗经》，是中国文学史上第一部诗歌总集，收录了自西周初年到春秋中叶（约前 11 世纪—前 6 世纪）约 500 年间诗歌创作的精品 305 篇。这些作品原本是配乐歌唱的，后乐谱失传，只留下了歌词。《诗经》

宋代画家马和之根据《诗经》意境画的诗意画

分“风”“雅”“颂”三类：“风”是地方歌谣；“雅”多为贵族祈丰年、颂祖德的内容；“颂”是祭祀宗庙的诗歌。《诗经》内容丰富，表现手法多样，以四言为主。《诗经》中的许多诗篇，尤其是“风”诗，对当时人民劳作、居家、战争、宴饮等多样的生活情景进行了真实、生动的描写。《诗经》中有这样一段，描写一位长期在外征战的士兵在还乡途中追述军中生活及离家的悲苦：“昔我往矣，杨柳依依。今我来思，雨雪霏霏。行道迟迟，载渴载饥。我心伤悲，莫知我哀。”《诗经》中有大量以爱情、婚姻为题材的诗歌，其中一篇描写一位青年男子对所爱恋姑娘的思念之情：“关关雎鸠，在河之洲。窈窕淑女，君子好逑。参差荇菜，左右流之。窈窕淑女，寤寐求之。求之不得，寤寐思服。悠哉悠哉，辗转反侧。”《诗经》所表现的写实精神及忧患意识等对后世文学创造影响很大。

晚于《诗经》，战国后期，南方楚国产生了另一种诗歌形式楚辞。这一文学形式的代表作家是伟大爱国者和诗人屈原，他的代表作品是《离骚》。《离骚》是中国古典文学中最长的抒情诗，反映屈原被放逐期间忧愁激愤、救国无路以及理想难以实现的沉痛心情。《离骚》在艺术上大量采用浪漫主义的表现手法，如“朝饮木兰之坠露兮，夕餐秋菊之落英……制芰荷以为衣兮，集芙蓉以为裳”，这些成为中国文学浪漫主义的直接源头。《离骚》中一些富于进取精神的诗句，如“路漫漫其修远兮，吾将上下而求索”，至今为中国人所吟诵。

唐诗

中国古代文学经历了汉赋（一种押韵的散文）、魏晋南北朝时期骈文（一种讲究对偶和词采的文体）等文体发展后，到唐代出现了诗歌的繁荣，这便是“唐诗”。唐代约 300 年间，诗人辈出，诗作无数。清代所编《全唐诗》，收录 2300 多位诗人，共 48900 多首诗。这些诗的作者身分遍及各领域，有帝王、贵族、官僚、文士，还有和尚、道士、尼姑、歌妓、牧童，等等。唐时诗歌成为普遍的文学形式。

中国古诗发展到唐代的一个突出特点就是近体诗的成熟。近体诗分为律诗、排律、绝句三种。五言律诗和七言律诗是律诗中较为普及的两种。五言律诗和七言律诗每首都只有八句，其中五律每句五个字，共四十字；七律每句七个字，共五十六个字。律诗的第一、二两句叫做“首联”，第三、四两句叫做“颔联”，第五、六两句叫做“颈联”，第七、八两句叫做“尾联”。超过八句的律诗，称为长律或排律。绝句的句子及字数是律诗的一半，五言绝句只有四句二十个字，七言绝句只有四句二十八个字。

律诗讲究押韵。第一、三、五、七句不入韵，第二、四、六、八句入韵。律诗还讲究对仗。上下句对应字所属词性要统一，一个语素、两个语素对应准确，如：“天对地，云对风，大陆对长空。”对应一首诗的八句中，中间二联必须对仗工整。律诗还讲究平仄。平仄是根据汉语的不同声调来划分的，到南北朝时人们已经发现汉语有四个声调，即平、上、去、入四声。四个声调中，第一个声调被定为平声，后三个声调被定为仄声。在律诗中，平仄声按照一定的规律交叉使用，使诗读起来朗朗上口。

《杜少府之任蜀州》

王　勃

城阙辅三秦，风烟望五津。
与君离别意，同是宦游人。
海内存知己，天涯若比邻。
无为在歧路，儿女共沾巾。

武汉黄鹤楼风光

《黄鹤楼》

崔　颢

昔人已乘黄鹤去，此地空余黄鹤楼。
黄鹤一去不复返，白云千载空悠悠。
晴川历历汉阳树，芳草萋萋鹦鹉洲。
日暮乡关何处是，烟波江上使人愁。

《登鹳雀楼》

王之涣

白日依山尽，黄河入海流。
欲穷千里目，更上一层楼。

《早发白帝城》

李　白

朝辞白帝彩云间，千里江陵一日还。

两岸猿声啼不住，轻舟已过万重山。

作为文学作品的中国古诗，创作要求非常高。既要严格遵循押韵、对仗、平仄等写作规则，更要讲究诗的意境。中国古人作诗十分注意处理好诗的内意与外意的关系，内意在于通过诗说明事物道理，外意在于通过诗描写事物现象。两者达到有机统一，才算是写出了好诗。这便是“情景交融”。为追求最佳诗境，中国古人在创作时所下的功夫今人难以想像。“语不惊人死不休”“一诗千改心始安”，是古代诗人留下的作诗心得。一位唐代诗人曾这样表达自己作诗用心之良苦：“二句三年得，一吟泪双流。知音如不赏，归卧故山秋。”

唐代诗人中，李白、杜甫、白居易是最杰出的代表。李白被誉为“诗仙”。他生活在唐朝最昌盛之时，他的诗兼有豪壮雄浑与清新飘逸之美。他对江西庐山瀑布的描写，最能体现其豪壮与飘逸的诗歌风格：“日照香炉生紫烟，遥看瀑布挂前川。飞流直下三千尺，疑是银河落九天。”杜甫在诗歌创作上的成就与李白齐名，有“诗圣”之美称。杜甫生活在唐朝由盛转衰时期，他的诗多为感时忧国之作，具有丰富的社会内容，充满人文精神。他留下的“朱门酒肉臭，路有冻死骨”、“无边落木萧萧下，不尽长江滚滚来”、“安得广厦千万间，大庇天下寒士俱欢颜”等诗句，达到了艺术性与思想性的高度统一。白居易是唐代中期的大诗人。他的一些诗篇敢于揭露批评社会弊端。他的两首著名长诗《长恨歌》和《琵琶行》，则融叙事与抒情为一体，成为千古杰作，其中的“天长地久有时尽，此恨绵绵无绝期”、“同是天涯沦落人，相逢何必曾相识”等佳句，为后人喜爱和传诵。

宋词

从唐朝中期起，与唐诗齐名的另一种文学形式——词开始兴起，并在宋代成为一代之文学，空前繁荣，这就是“宋词”。词又称长短句，是一种依乐谱填词、讲究韵律的抒情诗，每首词字数固定，由若干长短错落的句子组成。词有固定的乐谱曲调，也叫词调，如《满江红》《念奴娇》《菩萨蛮》等。与诗相似，词也讲究结构、声律。宋时出现了大批成就突出的词人，名篇佳作层出不穷，并形成了不同风格与流派。现代人编的《全宋词》共收入 1330 多位词人的近两万首词。

宋中期以前，词的风格多追求深婉精致、含蓄蕴藉，内容也比较狭窄。南唐后主李煜在《虞美人》中是这样表达自己对故国和往事的思念的：

春花秋月何时了，往事知多少。

小楼昨夜又东风，故国不堪回首月明中。

雕栏玉砌应犹在，只是朱颜改。

问君能有几多愁，恰似一江春水向东流。

北宋词人柳永把词的领域从达官贵人引向了市井都会，他在《雨霖铃》中表达了一对年轻男女分别时的忧伤情景与心情：

寒蝉凄切，对长亭晚，骤雨初歇。都门帐饮无绪，留恋处，兰舟催发。执手相看泪眼，竟无语凝噎。念去去千里烟波，暮霭沉沉楚天阔。 多情自古伤离别，更那堪冷落清秋节！……

宋代中期，词的发展出现转折。带来这一转折的是大诗人兼大词人苏轼。苏轼改变了以绮艳婉约为主导的词风，他“以诗为词”，把诗的内容题材、情感、理趣、意境、手法引入词中，使词的风格趋向多样化。苏轼的词既有抒情婉转、词采清丽的一面，又有情调激越、感奋人心的一面。特别是他开创的豪放派词风，从内容到形式都使人耳目一新。他的一首《念奴娇·赤壁怀古》，气势磅礴，波澜壮阔，尽显豪放风格：

大江东去，浪淘尽，千古风流人物。故垒西边，人道是：三国周郎赤壁。乱石崩云，惊涛拍岸，卷起千堆雪。江山如画，一时多少豪杰。 遥想公瑾当年，小乔初嫁了，雄姿英发。羽扇纶巾，谈笑间，樯橹灰飞烟灭。故国神游，多情应笑我，早生华发。人生如梦，一尊还酹江月。

苏轼之后最能体现豪放风格的词人是辛弃疾。他生活在南宋前期，是一位身负雄才而不能施展的英雄。他用词来表达自己的思想，气吞万里，壮怀激烈。词史上把他与苏轼并称为“苏辛”。“醉里挑灯看剑，梦回吹角连营”“稻花香里说丰年，听取蛙声一片”“众里寻他千百度，蓦然回首，那人却在灯火阑珊处”“青山遮不住，毕竟东流去”等等，是他留下的名句。

长江三峡的壮美风光

唐宋时期，是中国诗词发展的辉煌年代，也是散文创作成果丰硕的时期。韩愈、柳宗元为代表的文学家发起“古文运动”，对当时只注重形式而缺少内容的骈文（要求词句整齐对偶的文体，重视声韵和谐、词藻华丽）进行改造，提倡学习秦汉奇句单行为特征的散文，他们创作的大量优秀的文学作品，把散文提升到了一个崭新的境界。到了宋代，欧阳修、苏洵、苏轼、苏辙、王安石、曾巩等，又把散文创作发展到一个新阶段。他们便是中国文学发展史上有名的唐宋“八大家”。

元曲

元代文学的代表是“元曲”。元曲包括散曲和杂剧两部分。散曲起源于民间，多来自北方少数民族。散曲也是一种长短句，但比词更为自由活泼。杂剧是一种用北曲来演唱的戏剧形式。元代著名杂剧作家有关汉卿、马致远、王实甫等，他们的代表作分别是《窦娥冤》《汉宫秋》《西厢记》。《窦娥冤》通过窦娥的悲剧命运揭露了当时吏治的黑暗和社会的不公，关汉卿以其质朴自然的风格和富于表现力的手法，对当时社会进行了批判。以下是《窦娥冤》中窦娥赴刑场时唱的一支曲子，道尽了无奈与悲愤，痛快淋漓：

【滚绣球】有日月朝暮悬，有鬼神掌着生死权。天地也，只合把清浊分辨，可怎生错看了盗跖颜渊？为善的受贫穷更命短，造恶的享富贵又寿延。天地也，做得个怕硬欺软，却原来也这般顺水推舟。地也，你不分好歹何为地？天也，你错勘贤愚枉做天！哎，只落得两泪涟涟。

明清小说

中国古代社会的后期，也就是明清两代，各种文学形式继续发展，但以小说和戏曲最有代表性。小说有长篇、短篇之分。长篇小说都是章回体，每一章回讲一定长度的故事，形成情节段落，通篇由多个章回组成，故事首尾整齐。章回小说起源于民间说书，因此都是白话小说，容易理解，便于传播。明清小说数量颇多，著名的章回小说有罗贯中的《三国演义》、施耐庵的《水浒传》、无名氏的《金瓶梅》、吴承恩的《西游记》、吴敬梓的《儒林外史》、曹雪芹的《红楼梦》等。《三国演义》是一部历史演义小说，描写东汉末年和魏、蜀、吴三国争夺国家统治权的故事，塑造了诸葛亮、关羽、曹操等一批具有独特性格的人物形象。《水浒传》是一部英雄传奇小说，描写了宋代一批造反人物反奸除暴、见义勇为、慷慨任侠的故事，成功地塑造了一大批性格鲜明的英雄人物。《西游记》是一部神魔小说，根据唐代高僧玄奘去印度取经的故事创作，充满神奇瑰丽的幻想，并成功地刻画了美猴王孙悟空这个正义的化身。《金瓶梅》是一部世情小说，描写宋时西门庆一家暴发和衰落的故事，它在中国小说发展史上有转折意义，小说创作由此开始出现人文主义、现实主义趋向。《儒林外史》

绘本《红楼梦》插图

是一部讽刺小说，深入刻画了在扭曲的科举制度和礼教下，一批文人、商人和官吏乡绅的脸谱和丑态。

《红楼梦》是中国古代文学集大成之作，也是中国古代文学发展的顶峰。作者曹雪芹以其家世为背景，描写了封建制度下一个贵族家族由盛而衰直至毁灭的故事。《红楼梦》以前所未有的广度和深度真实地反映了清代前期的社会面貌和人情世态，充满人文主义与现实主义关怀。小说塑造了宝玉、黛玉、宝钗、王熙凤、贾政等众多有典型意义的人物性格和形象。曹雪芹把中国历史上长期积累的传统文化尽收于这部小说之中，以其丰厚的学识修养，打造出一部文学丰碑，为后人推崇。《红楼梦》有中国传统文化百科全书之美誉，细读一遍，可以大大提高对中国传统文化的了解。

中国传统小说和西方小说相比，强调故事性和情节，节奏较快，但人物心理描写则相对较弱。

别样独特的艺术风格

传统的中国艺术，无论是书法、绘画，还是音乐、舞蹈，抑或是建筑、园林，与世界上其他文化表现相比，都有着别样的风格，汇成多彩的中华艺术天地。

书法

书法是传统中国最具特色的艺术形式，体现了东方审美价值。

书法作为一种艺术，专门指汉字的书写艺术，要求立足审美书写汉字，融入创作者审美情趣、个人气质，把汉字写得美，形成风格和特点。书法艺术是以汉字为载体的，而汉字的特点是点线组合，复杂多变，可以组成无数不同的形体，这使汉字有了通过书法进行艺术创作的可能。而汉字保留的一定成分的象形性、象征性、表意性，也为书法家创造一个审美意象提供了条件。汉字的书写工具是笔、墨、砚、纸，也称“文房四宝”。其中用兽毛制成的毛笔，既柔软又吸墨，并且有很强的伸缩性，用它来书写点线组合的汉字，可以使汉字形体更加复杂多变，形成不同的风格。汉字书法创作有三个基本要素，即笔法（书写线条要有美感）、间架（字的笔画搭配要合理）、布局（通过艺术构思将许多字组合成整体篇章）。

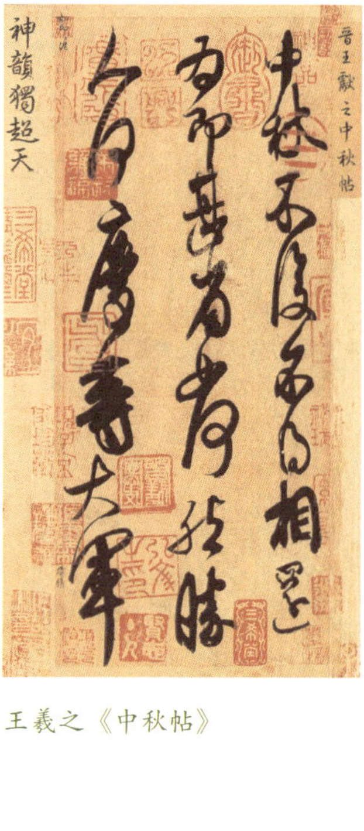
王羲之《中秋帖》

汉字书法起源很早，早在汉字产生的时候人们便注意到图形线条的变化。甲骨文、金文、篆文、隶书，在形体构架、笔法运用、整体布局等方面都已呈现不同的特点，表现出不同的美感。从西汉后期开始，人们对书法艺术有了自觉追求。汉代对书法艺术的一大贡献是创造了章草。章草是一种由草书和隶书相融而成的比较雅致的草体。中国书法到魏晋时期进入了一个全新时代，楷书和行书诞生，出现了钟繇、王羲之两位书法大师。钟繇被称为楷书鼻祖。王氏家族在中国书法史上出书法家最多且造诣最深。王羲之及其子王献之在书法史上被并称为“二王”，他们将行书艺术推向新阶段。王羲之的行书作品以被誉为“天下第一行书”的《兰亭序》最为著名。这一时期在中国北方还流行一种被称为“魏碑体”的楷书，书刻在石碑上。唐朝出现了欧阳询、褚遂良、颜真卿、柳公权等书法名家，他们使楷书最终成熟。草书在唐时也有发展，出现了狂草。到宋代时，书法一改过去追求完美地体现法度的审美风尚，代之以更多融入书法家的个人情感和意趣，使书法更加体现艺术品质。苏轼、黄庭坚、米芾、蔡襄，是北宋时最负盛

宋徽宗《五色鹦鹉图》

名的书法家，被称为“宋四家”。他们的作品大多活泼自然，不拘成法，独树一帜，富有个性。元代最有成就的书法家是赵孟頫，他的楷书严谨而又秀美，被称为“赵体”。书法在明清两代继续发展，其中最有影响的是明代书法领袖董其昌。他以古为师，以自然为法，在楷书、行书、狂草等书体上均有极高造诣，为后人推崇。明末清初还出现了一批具有浪漫色彩的书法家。他们冲破传统书法规则限制，创作出奇特浪漫的作品。

中国的书法艺术在公元2—3世纪传到朝鲜半岛。到公元7世纪，朝鲜的汉字书法进入鼎盛时期，出现了大量的书法人才和作品，许多作品保存至今。这个时候，中国书法还从朝鲜半岛传到了日本。到8世纪唐朝时，中日文化交流频繁，中国书法家的翰墨之秀弥漫日本。

绘画

绘画与书法，是中国传统文化的双胞胎。中国传统绘画也有着独特而鲜明的艺术特点，自成体系。

中国绘画既重写实又重写意，重形似更重神似。在表现技艺上，中国绘画最基本的方法是线条和墨色的运用。笔墨是中国画的核心。中国画与西方绘画的最大不同，是以墨代色。传统中国绘画以水墨画为主。水墨画主要画山水、花鸟，兼画人物。

中国绘画同样源远流长。在秦以前便有了帛画、壁画、漆画等多种绘画。到魏晋南北朝时，绘画开始追求独立的审美价值，大批人物画、山水画出现，并形成了较系统的绘画理论。隋唐时中国传统绘画走向繁荣。展子虔既善于画马又善山水，阎立本、吴道子等善人物画，李思训、王维等善山水画，薛稷等善花鸟画。唐时开始出现用水墨渲染来代替青绿描绘，这便是水墨画，并在晚唐后逐步发展成了中国画的主流。从五代到宋，人物、花鸟和山水绘画大发展。荆浩、关仝、董源、巨然是五代时著名山水画家。宋代画家李公麟创造了白描手法，把人

宋代画家苏汉臣的《秋庭戏婴图》

物画创作推向一个新境界，传为他所作的《维摩诘图》，是一幅人物白描精品。宋徽宗赵佶善画花鸟，《桃鸠图》等是其最为有名的传世作品。宋人的水墨梅竹画有很高的成就，文同的《墨竹图》、苏轼的《枯木怪石图》，流传至今。宋代的水墨山水画也有很大发展，以米芾、米友仁父子为代表。“米家山水”以泼墨、破墨、积墨法作画，大大丰富了水墨渲染法。元代以后，绘画较前代发生了变化，文人画占了主导地位，文人画家多集诗人、书法家于一身，出现了诗、书、画融会趋势。黄公望、王蒙、倪瓒、吴镇为元代最著名画家，号称“元四家”。明清两代中国绘画特别是水墨画的发展更注重总体表现力。晚明书画大师董其昌，博采前人之长，形成清润明秀画风，对清代绘画产生重要影响。清代绘画以“四王”（王时敏、王鉴、王翚、王原祁）、“四僧”（石涛、八大山人、弘仁、石溪，四人均出家为僧）和“扬州八怪”（清雍正、乾隆年间活跃在扬州地区的一批书画家，郑板桥即是其中之一）最有成就。“四王”是水墨画领域的正统派，功力深厚，其作品追求秀逸、文雅、安闲。“四僧”是反传统派，强调独创，反对泥古不化。“扬州八怪”既继承传统，又重视生活感受，张扬个性，在他们的水墨画中，诗、书、画、印得以完美结合，对中国近、现代绘画影响巨大。

音乐舞蹈

中国传统音乐舞蹈有着悠久的历史，与西方音乐舞蹈相比，有着明显不同的东方文化特色。

据史料记载，早在西周时期，中国人使用的乐器就多达 70 余种。那时，按制作材料的不同，把乐器分为金、石、木、革、土、丝、竹、匏八类，这便是“八音”。1978 年，在湖北的战国时期曾侯乙墓发掘过程中，发现了 124 件乐器，展示了中国古代灿烂的音乐文明。其中出土的编钟，制作精美，音域宽达五个八度，能演奏七声音阶的乐曲。汉朝和唐朝时期，乐器不断发展，至今流行的一些乐器，如琵琶、二胡、月琴、三弦等，就是那时由中亚等地区传入中原并经改造而成为主要

五代南唐画家顾闳中所绘《韩熙载夜宴图》（局部）

乐器的。中国古代宫廷音乐发达，从业人数众多。据史书记载，唐代繁荣时在宫廷从事音乐工作的人员达数万人，并有专门的音乐机构，负责管理演出人员，并进行音乐整理、研究、创作工作。

中国传统舞蹈最初来源于图腾、巫术、祭祀等活动中的表演，后与音乐一起组成了“乐舞”。西周时，中国有了专门以歌舞为业的女子“伎”，并相应产生了伎乐舞蹈，这种舞蹈在汉代时已达到相当高水平。伎乐舞蹈在很长一个时期内居于中国古代舞蹈的主流地位，表演这种舞蹈的人受过专门训练，这就使中国古代的舞蹈艺术水平不断得到提高。到唐代时，代表舞蹈艺术最高水平的是由乐舞伎人表演的宴乐歌舞，其中的歌舞大曲是一种集器乐、舞蹈、歌曲于一体的大型表演艺术，所表演的曲目众多。宋代时，又形成一种独特的舞蹈表演形式——队舞。这种舞蹈表演人数众多，每人有明确的角色分工，表演有比较固定的程式，并集歌唱、舞蹈、朗诵、对话等艺术手法于一体，各种手法穿插表演，是一种综合艺术形式。

雕塑

雕塑艺术在中国传统艺术中居于重要位置。它与希腊、埃及、罗马等文明古国雕塑艺术有很大的不同，反映出东方文化特点。

中华文明的起源与雕塑密不可分。在新石器时代以后，中国便有了丰富灿烂的雕塑艺术。起初是陶塑艺术。商周时期的青铜器，体现了高超的雕塑技艺。秦汉以后，中国雕塑艺术不断发展，并在陵墓雕塑、石窟雕塑和佛寺道观雕塑等领域留下大量艺术精品。中国传统雕塑技艺在发展中吸收、融汇了外来艺术手法，形成了自己的民族特色。1974 年，陕西临潼县发现的后来被称为世界八大奇迹之一的“秦始皇兵马俑”，是秦始皇陵墓随葬大型陶制兵马武士俑群，数量多，规模宏大，而且单个的兵马雕得高大粗壮、威武有力，形象各异，面部表情各有特点。秦以后历代帝王的陵寝都有较高艺术

秦始皇陵兵马俑

价值的雕塑作品。佛教进入中国后，佛教造像在中国逐步兴盛起来，并同中国的传统雕塑艺术相结合，形成新的雕塑风格。佛教造像的一大部分是石窟雕塑，以位于山西大同附近的云冈石窟、河南洛阳附近的龙门石窟、甘肃西部的敦煌莫高窟、甘肃天水附近的麦积山石窟等最为有名。这些佛像造型优美，气质不凡，艺术表现出神入化，风格各异，具有很高艺术价值。在中国各地的寺庙中，历史上也留下了很多佛、菩萨、罗汉的雕像，其中不乏艺术精品。

园林

中国古代园林通过追求自然山水之美表现人文精神，体现了传统的“天人合一”思想。

中国园林有两个系统，一个是皇家园林，一个是私家园林。经过漫长的历史发展，这两个系统在明清两代达到繁荣的顶点。明朝迁都北京后，加强了对皇家园林的营造。除皇宫内部的御花园外，主要是皇宫西侧的北海、中海、南海，又称“三海”。三海水面狭长，布局自然舒展，与宏伟庄严的皇宫建筑群形成鲜明对照。站在三海景观中心的琼华岛上举目四望，三海、故宫、景山及远处的群山起伏跌宕，层次分明，蔚为大观，尽显皇家气势与风度。清在明基础上改建了“三海”，并在北京西部新建了几个皇家园林，其中规模最大的是圆明园，力图将天下美景尽收其中。清还在河北承德修建了占地面积达 560 公顷的避暑山庄，其特点是保持山林的自然形态，在一片林海中穿插布置一些小建筑，营造出一个幽静的境界。

在皇家建造园林的同时，一些官僚、富商、名流、士绅等也着手建造自己的私家园林。私家园林在中国汉代已出现，到魏晋南北朝时私家园林开始以自然山水作为景观的中心。唐代名城洛阳有以自然景观为主的私家园林千余家，具有清雅、幽静的风格。到宋时，私家造

春日的北京颐和园，桃花、迎春花盛开，争奇斗艳，美不胜收。

苏州拙政园

园已采用借景、对景等手法，并出现赏石之风。明清两代是中国私家园林的全盛时期，这些园林主要集中在北京、南京、苏州、扬州、杭州、无锡等地。北京城内私家园林最多时有 150 多处，半亩园、一亩园、萃锦园、清华园是其代表；苏州有 270 多处，拙政园、留园、狮子林、沧浪亭是其代表。这些园林的特点是住宅与园林的结合，在住宅内增加生活内容，向居住化发展，而且文化品位不断提升，形成山池、花木、建筑、雕刻、书法、绘画、手工技艺等各种艺术的综合体。作为中国古典私家园林代表的苏州园林，是文化与生活相结合的精品。苏州园林利用有限空间，巧妙地将人与自然统一起来，以小见大，闹中取幽，打造出人间闲地，表现出很高的艺术审美趣味。

丰富多彩的社会生活

衣、食、住、行，生、老、病、死，以及各种风俗、习惯等，是社会生活的基本内容，也反映着一个国家和民族的文明水平。受儒家思想文化的影响，中国古代先民非常重视社会生活，注重提高生命质量，使人生充满乐趣和幸福。

婚姻文化

夏商时期，中国婚制即以一夫一妻制为主，但在贵族中普遍存在一夫多妻现象。秦汉时，中国传统的婚姻模式定型，严格遵行“同姓不婚”的原则，除皇室及一些贵族和有身份的人存在一夫多妻现象外，平民家庭基本是一夫一妻制。中国传统文化认为，男大当婚，女大当嫁，

福建平潭，一位洋新郎为他的中国妻子揭开盖头。

婚姻是一种自然现象，同时对每个人又都是一件大事。中国人通常把婚姻幸福与事业有成视为人生两件大事，叫做“成家立业”。男女一旦成婚，就应彼此恩爱，百年和好，承担各自的义务和责任。中国传统婚礼十分复杂，讲究程式，共分成六个不同阶段，又称“六礼”，即：采纳，是男方请媒人提亲后、女方同意议婚、男方再备礼去女家求婚的仪式，礼物是雁（近代以后用家鹅或木刻的雁）；问名，是请媒人问女方姓名和出生时辰（中国传统称“八字”，通过占卜男女生辰八字，推算男女二人成婚是否吉祥）准备合婚的仪式；纳吉，是把问名后占卜合婚的好结果通知女方的仪式，要送聘礼，如首饰、绸缎等，作为婚事已定的信物，此种仪式后世称为“订盟”，现称“订婚”；纳征，是订盟之后男方将聘礼送往女家、进入成婚阶段的重要仪式，又称“完聘”，礼品装箱并伴鼓乐送往女家；请期，是婚前去女家商定结婚日期时举行的仪式，确定婚期的规矩是男定月，女定日，俗称“提日子”或“送日头”，以避开女方经期；亲迎，是新婿亲往女家迎娶新娘的仪式，为古代婚礼最主要内容，过程复杂。传统婚礼仪式在不同的历史阶段，又有不同的发展变化。

饮食文化

中国饮食文化历史悠久，内容丰富，享誉全球。中国古代农业文明发达，为饮食文化的发展创造了条件。在夏商时期，中国的饮食用器已形成炊器、饮器、食器三大类，其中夏代多为陶器，商代多为青铜器。西周时中国的饮食文化已经形成，体现出深厚的礼仪特征。春秋战国时期，漆器开始取代青铜器，被广泛用到日常生活之中。漆器制作精美，使用方便，提高了饮食生活水平。魏晋南北朝时，中国菜肴的九大主味：酸、甜、苦、辣、咸、鲜、香、麻、淡等，都已具备。隋唐时，人们日常生活食用的蔬菜已达数十种，饮食更加讲究品味。宋代饮食文化大发展，首都汴京是南北饮食技

2013 年 11 月 12 日晚，纽约联合国总部，由中国烹饪协会主办的“中国美食走进联合国”活动中，各国外交官体验中国美食制作。

术的交流中心，食品名目繁多，瓷器作为饮食器具也得到广泛使用。明清两代，南方的粮食主要是稻米，北方则以麦为主。玉米、番薯也由美洲传入。清时，中国古代饮食文化达到顶点，形成了苏、鲁、川、粤四大菜系。清代饮食文化的代表是满汉全席，由满点和汉菜组成，山珍海味，水陆杂陈，应有尽有。中国古代，平民的饮食习惯是，冬季每日两餐，夏季每日三餐，农闲时稀，农忙时干。

酒文化

酒在各国文化中都占有一定地位。在中国，酒文化内容丰富，积淀深厚。中国最早出现的酒是果酒，可上溯到石器时代。作为农业文明最发达的国家，中国先民懂得用谷物酿酒距今已有五千多年的历史。西汉后，中国内地有了葡萄酒。唐代以前由谷物酿造的酒以黄酒为主，这种酒通常酒精度不高。宋代以后有了烧酒，这种酒酒精度较高，经过蒸馏工艺而成，可以燃烧，故名烧酒。中国古代还有一种酒叫药酒，在酒中加入中草药用来治病。啤酒是近代以后由西方传入中国的。在夏商周时代，上层多有嗜酒者，但酒在那时主要用于祭祀，然后才是人来享用。酒文化丰富了中国文化的内涵。酒壮英雄胆。酒能使人冲动，产生豪情，意气风发，中国历史上留下了许多对酒当歌、举杯誓盟、醉卧沙场的动人故事。酒浓情更浓。中国人每逢喜事、吉事，每当欢聚时、分别时、高兴时、失意时，总要举杯抒发感情。中国古人留下了许多与酒有关的美妙诗句和名言，如“劝君更尽一杯酒”“酒逢知己千杯少”“莫使金樽空对月”“李白斗酒诗百篇”等。

茶文化

中国是茶的故乡。与酒文化不同，中国的茶文化突出的不是浓，而是淡。茶最早产生于中国西南的云贵高原，在西汉时经四川盆地沿长江东下。长江流域的土壤和气候，很适合种茶。魏晋时期，玄学大兴，讲究清淡，饮茶之风随之盛行，有身份的人要以茶待客。与茶最早结

北京老舍茶馆，工作人员指导外国友人现场体验用百年古树普洱制作茶饼。

缘的是一些文士、雅士、隐士和僧人，这些人的特点是“逸”和“闲”。唐朝时，《茶经》一书问世，风靡一时，世人皆知茶，中国茶文化体系由此形成。唐时的茶文化认为，清是茶的核心。清就是一种精神和人格，而清与醒是统一的。因此，茶文化蕴涵着对清醒与理智的追求。到宋代时，茶在走向宫廷的同时也走向平民，盛行“玩茶”“斗茶”之风。明清两代，茶文化继续发展。明代士人重操守，以茶雅志，以茶砺节，以茶砥行，品一盏清茶，味生民苦涩。清时许多文人在茶中寻求开释与抒怀，于茶中静心敛气，求得内心的平衡，正是“斋门长闭客自稀，一盏清茗日相亲”。茶是饮品，但在中国传统文化中，品茶不同于喝茶，品茶已上升到精神文化层面。“品”是鉴赏、玩味、评说。品茶有色、香、味之说。色尚绿，香尚淡，味尚中。品茶时，所用之茶须名茶，如西湖龙井、碧螺春、大红袍、君山银针等；所用之水要好，山水为上，江水为中，井水为下；所用之器须可用，同时要可赏、可鉴、可玩、可藏；品茶的环境要讲究，须清新、安静、干净。

居住文化

中国古代的居住文化主要有四大类型，即干栏式建筑、地穴式建筑、屋宇式建筑和帐篷式建筑。干栏式建筑属上古时期南方的一种巢居方式。这种建筑的优点是具有一定的防卫能力，且注意到卫生问题，使居室与地面隔开。地穴式建筑是北方原始时期的建筑形式。这种建筑是在地下挖洞，以洞为居。中国北方地区土层深厚，直立性强，含水量少，有利于窑洞开挖。这样的窑洞经济简便，冬暖夏凉，适合居住。取代地穴式建筑的是屋宇式建筑。这种建筑的出现使中国北方先民的居住由地下到了地上，具有明显的农耕文化特征。屋宇式建筑使用版筑法立墙，最大特点是冬暖夏凉，通风、采光良好，出入方便，墙体坚硬结实。为解决这种建筑的冬季御寒问题，中国北方地区发明了土炕。帐篷式建筑是中国北方游牧民族创造的一种适合游牧生产需

北京一家四合院样式的旅游酒店

要的民居形式。四合院是一种非常古老而又延续至今的建筑形式，在中国的北方、南方各有不同风格。北京的四合院以其独特的建筑风格和营建方式，成为中国北方四合式民居建筑的代表。中国人很早就重视建筑的选址，并在秦汉时期形成了相地术，俗称“看风水”，从事此行业的人被称为“风水先生”。所谓风水，就是对住宅周边气候、地貌、地质、生态、景观等各种建筑环境进行综合评估。相地术又分相阳宅和相阴宅，相阳宅是为生者选居址，相阴宅是为死者选墓地。

服饰文化

从树叶、树皮到兽皮，再到手工纺织材料，在漫长的历史发展中人类服饰不断进步。与服饰相配套的鞋靴、绘绣、冠帽以及各种饰物、发型相继出现，而且根据不同场合、不同季节穿不同服饰，这便形成了服饰文化。夏商周时期，服饰的装饰功能突出，出现了与等级制度相适应的服饰制度。西周的服饰通过质地、形状、尺寸、颜色、花纹来表现等级贵贱之别，国王、诸侯、卿大夫的礼服有严格的等级规定。秦汉时，服饰文化趋向统一，人们普遍穿上衣下裳连在一起的“深衣”。魏晋南北朝时，讲究服饰之美，体衣（上下衣）、头衣（冠帽）、足衣（鞋袜）成为人们典型的装饰式样。隋唐时期的服饰有官服和民服、男服和女服之分。官服等级森严，皇帝、太子、百官着服各有不同，颜色也不同。唐代女装大都由衫、裙、帔三大件组成，上身穿衫，裙子肥大以至掩地，帔披在肩上，飘垂在腰间。宋代妇女的服装一般上穿衫，下着裙，石榴裙在当时最为流行。北宋末，贵族妇女开始流行缠脚习俗。清时，强令汉人剃发改衣冠，服饰发生重大变化，最终形成既有满族民族特色、又有汉族传统等级标志的服饰制度。长袍马褂是清时男子的典型装束。汉族女装与前代相同，满族女服为旗袍。汉族妇女多缠足，满族妇女不缠。

《韩熙载夜宴图》中穿唐式襦裙、披帛的妇女

中国主要传统节日举例		
日期	节日	活动
农历正月初一	春节	一年中的第一天，也称岁首，中国传统第一大节。人人穿上新衣，互相祝贺，或到亲友家中拜年。拜祭祖先，全家吃团圆饭。放烟花，舞狮龙，充满节日气氛。
农历正月十五	元宵节	新的一年第一个月圆日。吃汤圆，寓意团圆。挂彩灯，猜灯谜，踩高跷，扭秧歌。
农历二月初二	龙头节 又名二月二	祭祀龙神，祈求风调雨顺、五谷丰登
公历 4 月 5 日或前后一天	清明节	在春季的后期，此时万物皆洁齐清明。到郊外饮酒赋诗，弹吹歌舞，放风筝。扫墓祭祖是当天的一项主要活动。
农历五月初五	端午节 又称端阳节、重午节等	传说为了纪念伟大的爱国诗人屈原。家家吃粽子，插菖蒲艾叶，喝雄黄酒，举办赛龙舟活动。
农历七月初七	七夕 又名乞巧节	传说天上的牛郎、织女二星在此夜借鹊桥相会。妇女摆香案、供瓜果，穿针引线，向织女乞求智巧。
农历八月十五	中秋节	秋季传统的重大节日，地位仅次于春节。中秋为花好月圆之时，人们由天上的月圆联想到人间的团圆。家家团聚，吃月饼，赏月、赏灯、猜谜，摆设各种瓜果拜月。
农历九月初九	重阳节	人们在这天登高、赏菊、插茱萸。后演变成老人节。
农历十二月三十或二十九	除夕	旧岁之终、新岁来临之前夜。中国人一年一度的文化心结，一家团聚，贴对联、贴门神、贴年画，拜祖先，吃年夜饭，在爆竹声中辞旧迎新。长辈给晚辈压岁钱。除夕之夜有的人整夜不睡，称作守岁。

CUMWO

帝国的终结
与建立近代化国家

自公元前 2 世纪以来一直处于世界领先地位的中华帝国，到 1840 年以后，呈现出“三千年未有之大变局”。

19 世纪中叶以后，在西方国家的坚船利炮面前，中华帝国沦为列强宰割瓜分的对象。此后，先进的中国人开始寻找救国救民真理，探索中国的近代化发展道路，经历了从技术上向西方学习的办洋务，从制度上向西方学习的体制改良和革命，从思想上向西方学习的文化革命运动，直至中国共产党领导的新民主主义革命。经过 100 多年的不懈奋斗，中国终于走上了新的发展道路。

清帝国的封闭与衰落

17 至 19 世纪，世界正发生着深刻变革。英国通过“光荣革命”和工业革命率先进入近代国家，法国通过大革命走上共和道路，美国通过独立战争和南北战争使国家强大起来，德国通过统一和推行工业化而走上崛起之路，俄国和日本也通过向西方国家学习逐步进入近代国家行列。而与此形成鲜明对照的是，经过 100 多年的鼎盛期，清朝逐步走向衰落。

排斥外来文明。1840 年鸦片战争前，清政府自视为“天朝”，是天下最大的也是最强的国家，所有外国都是“朝贡国”，只能向中国称臣，向中国学习，不能与中国并列。18 世纪乾隆时期，正值

清末年画《各国庆寿图》。1903 年，多年垂帘听政的慈禧太后 70 寿辰，各国使节前来贺寿。

西方推进工业革命和建立近代国家制度之时，世界格局正在发生重大变化，而这位皇帝对外界发生的一切全然不予理睬。1793 年，乾隆皇帝在接见英国使臣时，仍傲慢地吹嘘："天朝统驭万国"，"天朝抚有四海"，"天朝物产丰盈，无所不有，原不藉外夷之物以通有无"等，沉浸在"天朝上国"的虚幻之中。同时，尽管古代中国有"四大发明"，但以儒家思想为核心的中国传统文化，注重的是"修身、齐家、治国、平天下"，不重视发明创造，甚至认为那些有利于提高生产技术的手段只是奇技淫巧。因此，当一些西方传教士将钟表、枪支等带到中国时，多数清政府官员只将其视为观赏之物，而不研究学习。

采取闭关锁国政策。虽然郑和船队早于西方探险家几十年即开始远洋活动，但中国的明朝统治集团并没有把此举作为发展对外关系的一项长期政策延续下去。相反，统治集团以防止海盗骚扰和他国侵扰为由，采取了"禁海"措施，严格限制通过海上与外部世界发生关系。这使得中国丧失了一次与外部世界发展关系的极好机会。自 16 世纪起，中国几乎中断了与外界的海上贸易，而此时正是葡萄牙、西班牙、荷兰等国开拓海外市场的时候。清朝执行了比明朝更为严厉的禁海政策，禁止民间商船出海贸易。到 19 世纪清朝中期，禁海政策愈演愈烈，政府逐步收缩通商口岸，从福建、广东、江苏、浙江四省减少到广东一省，从大小百个左右通商口岸减少到广州一个口岸。外国商人在广州的经商活动也被严格限制，他们必须住在广州城外的商馆，通过中介才能进行贸易。但限制海上贸易的政策非但没有起到抵制侵略的作用，反而使中国失去对外贸易的主动权和机会，极大地限制了中国人的视野，拉大了中国与世界的距离。

推行文化专制主义。帝王政治本身就是一种文化专制，推行愚民政策。清朝时这种文化专制达到顶点。17 世纪中叶，清廷宣布禁止

清时全家都参与经营的传统小店

学者创立书院，纠众结社，并禁止言论与出版的自由。民间只准出版与科举有关的书籍，严禁出版“琐语淫词”“窗艺社稿”，违者从重治罪，企图以此达到禁锢思想的目的。为加强文化控制，清廷规定，讲解儒家经典必须以宋儒朱熹的诠释范本为依据。科举考试必须按照宋儒的传注，写作教条的、死板的八股文。特别令人望而生畏的是，清中期还大兴“文字狱”，以只言片语定罪，甚至置人于死地。康熙时，有一个叫戴名世的人写了一部名为《南山集》的书，因其中有“反清”思想，清廷严厉镇压，戴名世被处斩，他的祖孙三代直系、旁系亲属，年龄在 16 岁以上的，全部斩首，其他受株连的有几百人。

如同人们对罗马帝国为什么最终衰落表现出浓厚兴趣，中华帝国为什么到近代以后走向衰落，没能在世界上继续领先，也是人们感兴趣的话题。答案自然有许多，但以下几点是人们普遍认识到的。

小农经济束缚生产力发展是一个根本原因。中国古代文明是典型的农业文明，它以地主的土地所有制为经济基础，以自给自足的自然经济为主要形式。农民从地主那里得到土地耕种，向地主缴纳地租。为解决生计，农民们在从事农业生产的同时，又必须从事家庭手工业劳动。这种以家庭为单位的生产组织以及小农业和小手工业紧密结合的自给自足的小农经济，可在一定时期缓解社会矛盾并维持在低水平上发展。但在根本上，这种土地地主所有、经营条块分割和生产各自为战的局面，不利于社会分工的优化、生产规模的扩大和生产技术水平的提高。小农经济导致人们在思想上保守有余，进取不足。

君主专制制度的长期存在是一个重要原因。在一定时期，中央集权的君主专制制度对社会发展有促进作用，但这种制度的弊端又是十分明显的，其长期存在必然严重阻碍社会发展进步。在世界各国中，中国古代君主专制制度持续的时间可以说是最长的。分散的、一家一户的、自给自足的小农经济是君主专制制度长期存在的广阔沃土。同时，儒家思想文化产生于小农经济社会，是君主专制制度的精神支柱。一个值得注意的现象是，秦朝以后中国历朝历代都涌现出许多思想家，但他们绝大多数不是另立学派，而是致力于对儒家思想文化的阐发，为君主专制制度服务。此外，与专制制度相适应的权力体制十分完备，并在清朝时发展到了顶峰，这一制度以皇帝为中心，在中央和地方形成一套完整严密的庞大官僚体系。专制制度的长期存在使每个个体不能得到充分发展，全社会缺乏创造性和进取精神，导致发展滞后。

推行重农抑商政策是一个直接原因。没有商业和市场的发展，就不会有竞争和创造性。中国有句俗语说：民以食为天，食以粮为源。由于人口众多（尤其是到清时，中国人口增长很快，1750 年达 2.5 亿，1800 年超过 3 亿，1850 年时更达到 4.3 亿），在中国古代，农业历来都被视为立国的根本，而商业则被视为枝末，只是补充，

这幅宋代绘画描绘了当时收割水稻的情景。

甚至可有可无。在传统中国，商人的社会地位相当低，长期受到鄙视。一位终身务农的人，会被认为是良民，而一位从事商业经营活动的人，则会被认为是奸商（指从事买卖活动有欺诈性）。历朝历代大都采取抑商政策，常以官办的方式垄断盐、铁、酒等行业，甚至将运输业、手工业等也限由官营，结果民间商业始终只能在夹缝中生长，举步维艰。重农抑商政策导致中国的商品经济长期得不到充分发展，资本、技术、人才等都不能得到较好运用。这也是中国社会发展与西方的最大不同点之一。

鸦片带来的无穷灾难

鸦片，本是从一种植物中提取的毒品。久吸鸦片，不仅成瘾，而且严重危害身体健康，使人丧失劳动能力，甚至死亡。这种毒品与近代中国的命运息息相关。中国历史的发展因鸦片而发生转折，中国与外部世界的关系因鸦片而发生变化。鸦片引发了中国与英国等西方国家的战争，因战争战败，向西方国家割地赔款，中国逐步沦为半殖民地半封建社会。

向海外进行殖民扩张，是地理大发现后西方列强走的一条共同道路。首先向中国进行殖民扩张的是英国，利用的工具便是鸦片。1840年鸦片战争前的数十年间，如果按中英正常贸易计算，中国一直处于出超的有利地位。当时，由中国输往英国的货物主要是茶叶、生丝等，

清时吸食鸦片者

由英国输入中国的货物主要是毛织品和金属品。英国商人为更多地掠夺中国财物，牟取暴利，竟通过非法渠道向中国大量走私鸦片。

从 18 世纪初开始，英国商人便向中国输入鸦片，开始了罪恶的毒品贸易。从 19 世纪 30 年代起，在英国输入中国的货物中，鸦片一项竟占一半以上，且数量逐年增加。1823 年为 9035 箱（每箱装有约 65 公斤毒品），1830 年为 19956 箱，1836 年约为 30000 箱，1838 年约为 40000 箱。据估计，1835 年时，全国吸食鸦片的人数在 200 万以上，随着鸦片进口的增多，吸食人数不断增长。

鸦片的严重泛滥极大地破坏了中国社会经济的发展，损害了人民身体健康，引起了清政府的高度关注。道光皇帝任命林则徐为钦差大臣，前往位于南方的对外贸易中心城市广州查禁鸦片。林则徐当时是这样表达他的查禁决心的："若鸦片一日未绝，本大臣一日不回，誓与此事相始终，断无中止之理。"在地方政府和人民的支持下，1839 年 6 月 25 日，林则徐将从烟贩手中缴获的鸦片在虎门海滩当众销毁。这便是中国近代历史上有名的"虎门销烟"。

中国正义的禁烟斗争引起英国的强烈不满。英国商人们要求政府立即发动对华战争，用武力迫使中国政府接受他们的条件，打开广阔的中国市场。1840 年 4 月，英国议会通过了发动对华战争决议案，悍然派兵侵略中国。这就是第一次鸦片战争，战争以清帝国的失败而告终。1842 年 8 月 29 日，在长江下游城市江苏南京，清政府代表与英国政府代表签订了近代中国历史上第一个不平等条约——《南京条约》。通过这个条约，英国从中国取得了许多权利：中国将香港岛割让给英国（直到 1997 年被中国收回）；中国开放广州、福州、厦门、宁波、上海五处港口为通商口岸；中国向英国赔款白银 2100 万两（相当于清政府全年财政收入的 1/3）；等等。英国还通过与清政府签订的《虎门条约》，取得了在中国的领事裁判权、片面最惠国待遇、居住和租地权等权利。

圆明园大水法遗迹

此后，美国、法国等国也通过与清政府签订不平等条约得到了与英国相同的权利。

鸦片战争是近代中国与西方国家的第一次战争，也是近代中国历史的开端。此后的100多年间，中国陷入落后挨打的境地，战争、割地、赔款，接连不断，以下是其中主要几次：

——1856年，第二次鸦片战争。英国、法国为进一步打开中国市场，又一次发动侵略战争，中国再次战败。英法两国联军攻入北京，占领圆明园，大肆抢掠，并纵火焚毁。1858年6月，中国被迫与英、法分别签订中英《天津条约》和中法《天津条约》，主要内容有：外国公使常驻北京；增开今天的营口、烟台、台南、淡水、汕头、琼州、汉口、九江、南京、镇江十处港口为通商口岸；对英赔款白银400万两，对法赔款白银200万两。此后，中国还与美国、俄国签订中美《天津条约》和中俄《天津条约》，美国、俄国得到了与英国、法国在华同样的利益。

——1894年，中日甲午战争。发动这次侵华战争的不是西方国家，而是中国的近邻日本，中国又一次战败。按中国传统纪年，这一年是夏历（或农历）甲午年，故称甲午战争。战争发生在中国北部黄海，是近代历史上少有的一次大规模海战。这次战争中，清政府苦心经营多年并具世界先进水平的北洋舰队几乎全军覆没。对日本来说，这是它经过1868年明治维新走上新的发展道路后的一次重要对外扩张行动，也是这个历史上曾长期向中国学习的近邻岛国第一次战胜中国，中国举国上下为之震惊。1895年4月，在日本马关，清政府代表被迫与日本签订中日《马关条约》。条约规定：中国割让辽东半岛、台湾全岛及所有附属各岛屿和澎湖列岛给日本（此后日本对台湾进行了半个世纪的殖民统治，直到1945年中国人民取得抗日战争胜利才收回）；赔偿日本军费二亿两白银（相当于当时中国年财政收入的3倍，日本年财政收入的4倍）；增开今天的沙市、

八国联军入侵北京（绘画作品）

重庆、苏州、杭州四个通商口岸；允许日本人在中国通商口岸开设工厂。《马关条约》使中国的半殖民地化程度进一步加深。

——1900 年，八国联军侵华战争。俄国、英国、美国、日本、德国、法国、意大利、奥匈帝国等八国为维护和扩大在中国的利益，发动了这场战争，战争还是以中国失败而告终。此次战争，八国共动用兵力约 10 万，不仅攻占了天津等北方重要城市和地区，还占领了北京，迫使清政府逃往西安。八国联军在北京等地恣意屠杀，抢劫财物，焚烧房屋，致使百姓流离失所，灾难深重，中国大量典章文物、国宝奇珍惨遭洗劫。1901 年 9 月，清政府代表与八国联军各国及西班牙、比利时、荷兰共 11 国代表正式订立了中外条约。因这一年是中国农历辛丑年，该条约又被称为《辛丑条约》。条约内容涉及中国赔款，在北京设立“使馆区”并在使馆区内驻扎军队，准许外国派兵驻守从北京到山海关铁路沿线 12 个战略要地，永远禁止中国人成立具有反对外国人性质的组织，以及将办理对外事务的总理各国事务衙门改为外务部等。《辛丑条约》进一步加强了西方列强在中国的势力和影响。条约规定：清政府向各国赔款白银 4.5 亿两，以关税、盐税等作担保，分 39 年还清。加上年息 4 厘，本息共计 9.82 亿两。这就是习惯上所称的“庚子赔款”（八国联军发动战争的 1900 年是中国夏历庚子年），是西方列强侵略中国以来索要数额最大的一笔赔款，清政府的财政由此陷于枯竭，并极大地加重了中国人民的负担。

——20 世纪 30 至 40 年代，日本发动全面侵华战争。1931 年 9 月 18 日，日本驻中国东北军队发动攻击沈阳城的“九一八事变”，并在几个月时间内占领东北辽宁、吉林、黑龙江三省。1937 年 7 月 7 日，日本侵略者以士兵失踪为由，在北京城外制造卢沟桥事变，发动全面侵华战争，中国大片国土沦陷，人民惨遭浩劫，中华民族面临灭顶之灾。日本法西斯侵略者每占领一地，便采取各种野蛮残暴手段，极尽烧杀、

“九一八事变”中，日军在沈阳城墙上向中国军队发动进攻。

抢掠、奸淫之能事。日本侵略者在中国推行殖民统治政策，扶植傀儡政权，实行移民开发，展开文化侵略，掠夺资源财富。中国人民没有屈服，而是同仇敌忾，团结一致，共同对外。中国共产党和中国国民党以及各种爱国政治力量和派别，组成广泛的抗日民族统一战线，并联合美国、苏联、英国等世界反法西斯力量，进行了前后长达 14 年的抗日战争。1945 年 8 月 15 日，日本侵略者宣布投降，中国人民取得了抗日战争的胜利。这是 1840 年以来中国人民反对外族入侵的第一次胜利。中国为此付出了巨大的民族牺牲。据统计，抗日战争期间，中国人民伤亡人数在 3500 万人以上，财产损失和战争消耗达 5000 多亿美元。

外国强加给中国的战争赔款统计表	
1841 年	中国向威胁广州的英国人支付 600 万两白银
1842 年	中国向英国支付 2100 万两白银
1858 年	中国向英国支付 400 万两白银 中国向法国支付 200 万两白银
1860 年	中国支付 1600 万两白银，其中一半赔给英国，另一半赔给法国
1862—1869 年	继传教士和中国居民之间的教案之后，赔款约 40 万两白银
1870 年	继天津教案后，中国向法国赔款 49 万两白银
1874 年	继日本侵台事件之后，赔款 50 万两白银
1878 年	向俄国赔款 900 万两白银
1881 年	中国为收回对伊犁河流域部分领土主权，向俄国支付 900 万两白银
1895 年	甲午战争战败之后，向日本赔款 2 亿两白银
1897 年	作为日本军队撤出辽东半岛的条件，向日本赔款 3000 万两白银
1901 年	向西方联军赔款 4.5 亿两白银
1922 年	作为日军撤出山东胶州的代价，向日本赔款 6600 万金法朗

资料来源：[法] 谢和耐《中国社会史》，中国藏学出版社 2006 年第 1 版。

从开眼看世界到寻求自强

中国人对西方世界的重新认识始于鸦片战争的失败。鸦片战争的失败，使一些先进的中国人痛感中国在技术上已落后于西方，必须追赶，寻求自强。

林则徐是近代中国开眼看世界的第一人。鸦片战争前，林则徐和大多数清朝官员一样，对中国以外的世界知之甚少。在受命处理鸦片事务时，他开始了解研究西方国家情况，观念发生转变，提出了“师敌之长技以制敌”的思想。他组织翻译外国报纸和书籍，包括英国人慕瑞励所著《四洲志》（原书 1836 年在伦敦出版）等著作，向中国人介绍西方国家的历史地理、经济法律、军事技术、科学文化等方面情况。魏源是继林则徐之后又一位力主向西方国家学习技术的清朝官员。

1872 年中国清政府派遣的首批赴美留学幼童

他反对盲目自大，批判拒绝学习西方“长技”的保守思想，主张借鉴西方技术，并明确提出“师夷人之长技以制夷”的主张。他在林则徐主持编译的《四洲志》的基础上，增补大量资料，完成了著名的《海国图志》，详细介绍了世界各国的地理、历史和现状，对开拓中国人思想和眼界产生了较大影响。

19 世纪 50—60 年代，清朝统治出现新的危机。1851 年，农民运动领袖洪秀全领导“太平军”在西南广西桂平县金田村起事，建号“太平天国”，并迅速发展壮大。1853 年，“太平军”占领南京，改南京为天京，定为都城，正式建立与清政府对峙的政权。1860 年以后，清政府全力镇压太平天国。1864 年，清军攻陷天京，太平天国运动失败。

在镇压太平天国运动的过程中，曾国藩、李鸿章、左宗棠、张之洞等一批清朝的重要官员，为使清王朝的统治得以继续，将林则徐、魏源等向西方学习技术的思想付诸实践，办起了“洋务”，开始“自强新政”，并将这一发展模式界定为“中学为体，西学为用”。因为是向西方学习，而西方又被认为是“洋人”的世界，所以在中国历史上这场运动又被称为“洋务运动”。

清政府办洋务时间跨度长达 30 多年，涉及内容广泛。

——设置与外国打交道的外事机构。1861 年 1 月，清政府正式成立“总理各国事务衙门”（简称总理衙门），主管对外交涉和通商、关税等事务。之后又设立南洋通商大臣和北洋通商大臣，分别主管南方（长江以南和长江流域）和北方沿海省份的通商和对外交涉事务。同时，清政府还于 1861 年成立总税务司，设正、副总税务司各一人，由西方人担任，负责管理全部海关税务。英国人赫德掌管总税务司长达 48 年。

——开办学堂和派遣留学生。中国近代教育始于洋务运动。从 19 世纪 60 年代起，清政府开办了一批学习“西文”（西方国家语言文字）

洋务企业

和“西艺”（西方国家技术）的新式学堂，培养各类洋务人才。1862 年，一个被称之为“同文馆”的学堂在北京成立，美国人丁韪良被任命为同文馆第一任校长，且总管校务长达 32 年。据统计，洋务官员共创办各类新式学堂 20 多所，培养了一批外语、工程、电报、轮船、矿务、武器、医学等方面的人才。中国近代第一批赴欧美留学生也是在办洋务过程中派出的。

——训练新式军队和建设军事工业。洋务官员认为，中国的典章制度远远超过西方，只有“火器”不如人，只要学习了外国先进的军事技术，中国就可以强大起来。自 1861 年到 19 世纪末，洋务官员在全国创办的军事工厂（局）有 20 多所，主要制造枪支、火炮、弹药，同时也生产钢铁和制造轮船。中国近代工业由此发端。

——兴办近代民用工业。洋务官员以“求富”为宗旨，把“求强”与“求富”结合起来。自 19 世纪 70 年代到 90 年代，洋务官员共兴办民用企业 20 多个，集中在采矿、冶炼、纺织等工矿业和航运、铁路、电讯等事业。

洋务运动是中国近代经历了两次鸦片战争失败后第一次主动向西方学习，也是一次在统治集团体制内进行的工业化运动。由于这一运动只限于技术层面，其局限性也是十分明显的。而随着中国在中日甲午战争中的失败，也宣告了洋务运动的破产，历史表明仅靠办洋务是解决不了中国的根本出路问题的。

经过洋务运动，中国人对世界的看法真正发生了改变。1840 年鸦片战争前，西方人来到中国，清政府的官员十分蔑视，不愿与他们打交道，只命令商人与之接触。而一些与外国人打交道的人，也很让人看不起。由于对外面世界知之甚少，清政府没有人肯出国办外交，一直到 1876 年才派遣本国人做驻英法等国公使。经过几十年办洋务，东西方接触日益增多，中国人对待外部世界的观念也在发生变化。在普通中国人眼中，西方人也由过去的“夷人”（带有轻蔑之意）逐步变为“洋人”（带有推崇之意）。

建立近代国家体制

洋务派官员惨淡经营的北洋海军在1894年中日甲午战争中几近全军覆灭，以及中华民族面临的严峻生存危机，使一部分先进的中国人对国家的发展路向作了进一步思考：仅靠学习西方技术难以实现富强，不能改变中国挨打的命运，必须从制度入手，实行维新变法，建设先进国家。19世纪末和20世纪初的戊戌变法运动和辛亥革命由此产生。

戊戌变法运动，又称维新变法运动，因主要活动发生在中国农历戊戌年（公元1898年）而得名。这是一场帝制改良运动，试图通过走英国"光荣革命"和日本"明治维新"那样的道路，对清政府专制体制进行一定的改造，既保留君主制的体统，又实行议会内阁制，使皇权和行政权分开。这场运动的领袖人物是康有为和他的学生梁启超。他们宣传西方社会政治学说，推崇进化论思想，严正驳斥封建顽固思想和洋务派只向西方学习技术而不进行维新变法的做法。这场变法要改变千年以来的专制体制，为中国传统文化和社会所难以接受。为制造变法维新的理论根据，康有为在他的著作中把近代西方的民权、民主、平等等思想和议院、选举等政治规则，都说成为孔子所创，并把自己打扮成孔子道统的真正继承者。

梁启超

1895年4月，康有为联合在北京参加应试的举人（经过科举考试取得功名的一种称谓）1300 多人，上书光绪皇帝，提出发展近代工业和实行君主立宪制度的要求，这便是在中国近代史上有重要影响的“公车上书”事件。这一事件的发生表明知识阶层开始成为救亡运动的主流。康有为等人的维新变法主张得到皇帝的支持，但遭到握有大权的慈禧太后等顽固守旧势力的敌视和反对。以慈禧为代表的顽固派坚持“祖宗之法不可变”，声称“宁可亡国，不可变法”，认为民权之说“无一益而有百害”。1898 年 6 月 11 日，光绪皇帝颁布“明定国是”诏书，宣布变法。从这一天起，到 9 月 21 日慈禧太后发动政变，废除“新政”，历时 103 天，所以中国史书又称之为“百日维新”。

戊戌变法以失败而结束，但经过此次运动，近代西方民主思想在中国得到初次传播。戊戌变法的失败，也宣告了在中国不可能走英国或日本式的君主立宪道路，通过革命推翻帝制，成为中国挽救危亡和建立近代国家的新选择。担负起这一历史任务的是孙中山及其领导的革命派。

孙中山于 1866 年出生在中国南方的广东香山县（今广东中山）。这一地区对外开放较早，与外界接触较多。孙中山的哥哥早年远赴檀香山（今美国夏威夷州首府）发展，并成为华侨资本家。孙中山少年时即投奔哥哥，并在哥哥资助下接受完全的西方教育，包括自然科学知识和社会政治学说，产生了“改良中国”的愿望。1894 年，孙中山联合一些革命志士，成立了革命团体——兴中会（意即复兴中国），发誓推翻清朝专制统治，建立民主共和国家。

19 世纪末 20 世纪初，中国的救国运动风起云涌，各种革命团体相继出现，并产生组建全国性革命政党的要求。1905 年 8 月，孙中山联合黄兴、宋教仁等革命团体领袖，在日本东京成立“中国同盟会”（简称“同盟会”，后来的中国国民党即由此而来），设本部和国内外九个支部，使之成为一个全国性的革命政党。孙中山在为同盟会机关刊

孙中山像

物《民报》写的发刊词中，将同盟会的十六字纲领归纳、阐发为民族、民权、民生三大主义，即“三民主义”。民族主义包括“驱除鞑虏，恢复中华”两项内容，就是推翻满清王朝，使中国成为独立的国家；民权主义的内容是“创立民国”，即推翻专制制度，建立近代西方民主共和国家；民生主义的内容为“平均地权”，即对土地核定地价，把革命成功后因社会经济发展增长的地价收归国有，并逐步由国家向地主收买土地。这一思想主要在鼓动推翻帝制和创立民国，因此又被称为“旧三民主义”。

同盟会的成立和三民主义思想的提出，预示着中国革命的一个新阶段即将到来。经过多年的组织、思想、舆论准备，终于酿成 1911 年 10 月 10 日在中国中南部重镇武昌（武汉的一部分）爆发的武装起义，并继而引发成全国范围内的辛亥革命（1911 年为中国农历辛亥年）。辛亥革命以其迅猛洪流冲垮了清王朝的封建统治。1912 年 1 月 1 日，经 17 省代表选举，孙中山在南京宣誓就任临时大总统，宣告中华民国临时政府成立，并以 1912 年为民国元年，改用公历。接着，临时参议院成立，作为立法机关。此时，中国的北方仍然为清王朝势力所控制。为结束南北对立，尽快建立一个统一的共和政权，南方向北方作出让步，以清帝退位等为条件，将临时大总统职位交给清朝重臣袁世凯。1912 年 2 月 12 日，清帝宣布退位。4 月 1 日，孙中山正式解除临时大总统的职务。2 日，临时参议院决议将临时政府迁往北京，而不是孙中山等人早先希望的南京。至此，在中国这个古老的东方国家，持续了 2000

1913 年 4 月 8 日，中华民国第一届国会在北京举行开幕典礼。

多年的君主专制制度终于瓦解，一个具有近代意义的民主共和国家初步构建起来。

此后，中国的南方和北方处于不同势力控制之下，革命党人的活动基本在南方（以广东为中心），由清朝军人转变而来的军阀势力（又称北洋军阀）基本在北方，直到 1928 年南京国民政府统一全国。

新的文化启蒙运动

任何一个社会的进步，说到底都是思想文化的进步。近代中国思想文化的发展，是与救亡运动相伴而行的。救亡的过程，也是启蒙的过程。

建立在自然经济基础之上的中国古代思想文化，在根本上是不适应近代社会生产力发展要求的。在君主专制社会里，人们受到君权、神权、族权、夫权的严重压抑，根本谈不上自由、平等。打破旧的文化，倡导新的文化，是中国近代化的必然要求。

近代中国的启蒙运动始于19世纪末的维新变法时期。维新派人士在宣传变法思想时，把介绍近代西方思想文化作为一项重要内容，希冀以此改变中国人思想观念的落后状况，开启民智。他们大量翻译出

《天演论》扉页严复像

版介绍西方社会政治学说的图书，其中影响最大的是严复翻译的《天演论》一书（即英国生物学家赫胥黎的《进化论与伦理学》）。赫胥黎在书中用达尔文关于生物进化的原理，解释社会发展规律和人与人之间的关系，认为“物竞天择，适者生存”的生物进化规律同样可以用来解释人类历史的发展。在人类社会里，人与人之间以及种族与种族之间，也同生物一样相互竞争，只有最适宜生存的，才能生存下来。这种理论成为西方列强推行海外扩张政策的依据。但从挽救民族危亡的立场出发，在面临被列强瓜分的危机时刻，这一理论也能够激励中国人救亡图存。按照这一理论，中国只有变革，才能变弱为强，否则就会被淘汰。

20 世纪初辛亥革命时期，以孙中山为代表的革命家，奉近代西方民主思想为圭臬并大力宣传，掀起了一场以宣传民主共和思想为中心的文化启蒙运动。他们指出，在革除专制、建立共和已成为大势所趋和人心所向的历史条件下，落后民族和国家的革命必然选取先进的民主制，有着几千年历史的中华民族，绝不会没有实行民主共和的能力。孙中山本人甚至对西方三权分立学说作了发展，提出“五权宪法”（在行政、立法、司法三权基础上又增加考试、监察两权）主张，强调通过考试录用官员和对官员的监督。1912 年中华民国创建后，孙中山等人利用政权的力量，公开、合法地大力宣传自由、平等、博爱等思想主张，并通过制定《中华民国临时约法》，力图将西方国家一系列民主宪政原则以国家根本大法的形式在中国确立起来，使民主共和成为新国家每个公民的意志。

辛亥革命推翻了君主帝制，使民主共和思想进一步深入人心，但在一个有 2000 多年专制文化传统的国家，民主共和之路不可能是一条坦途。1916 年，已就任中华民国大总统的袁世凯公然称“中华帝国”皇帝，开历史倒车，遭国人讨伐，在做了 83 天皇帝美梦后忧惧而死。

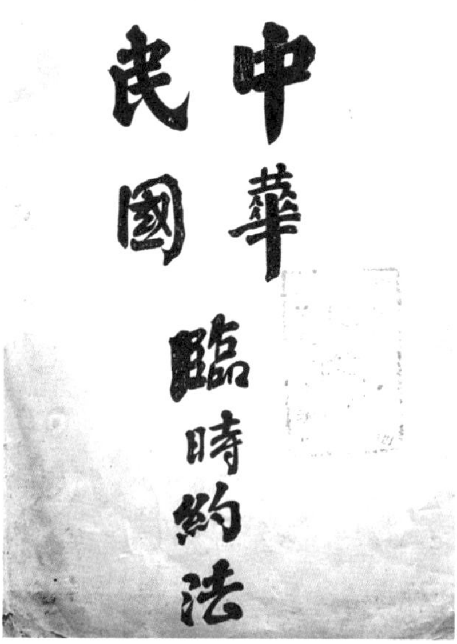

《中华民国临时约法》书影

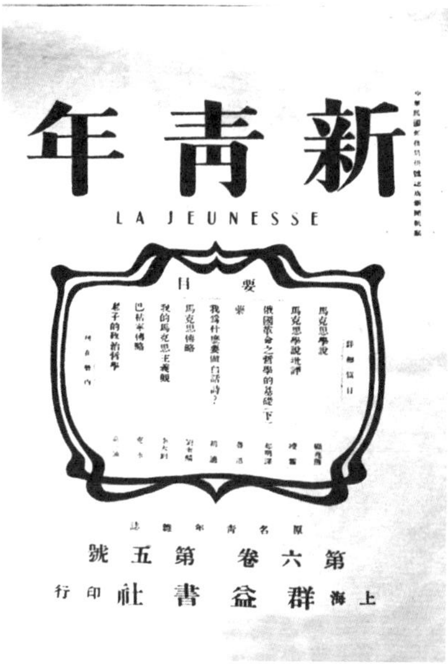

《新青年》书影

这也说明，彻底清除旧的思想文化的影响，仍是一项重要历史使命。

以 1919 年“五四”运动的爆发为标志，在此前后，以陈独秀、李大钊、鲁迅、胡适等为代表的一批激进民主主义者，高举“民主”“科学”大旗，通过创办《新青年》杂志等活动，发起了一场新文化运动，向旧文化发起了猛烈进攻。至此，中国近代的思想文化启蒙运动达到了一个高潮。

20 世纪 20 年代前后的新文化运动时期，激进的民主主义者历数了当时中国社会的黑暗，痛陈了专制制度的罪恶，号召青年一代充分认识中国在世界上的地位，以求实和进取的精神，为战胜恶社会而自觉奋斗。新文化运动的战士们将“人权”与“科学”并提，倡导人权平等和科学精神，否定“君权神授”“祸福天定”等谬论，反对统治者愚民政策。针对当时存在的尊孔复古逆流，陈独秀把批判锋芒直接指向作为专制制度支柱的儒家学说，认为这种封建主义的宗法纲常体系和民主共和制度是根本不相容的。

反对旧文学，提倡新文学，是新文化运动的一项重要内容。学者胡适等人发出“文学革命”的号召，提出改革文学体裁和形式，反对文言文，提倡白话文。鲁迅用他的文学作品对儒家旧的伦理道德展开批判，发表《狂人日记》《阿 Q 正传》等小说和杂文，使新文化运动的反封建斗争达到了前所未有的深度。

正当中国的新文化运动呈如火如荼之势时，传来了 1917 年俄国十月革命胜利、劳动人民翻身解放的消息，这对于如饥似渴般寻求救国真理的中国人民来说，无疑是雪中送炭，欣喜之情不难想像。于是，歌颂俄国十月革命，宣传马克思主义，主张中国走俄国十月革命道路，成了新文化运动的发展方向，中国出现了李大钊、陈独秀、毛泽东、周恩来等一批具有初步共产主义思想的知识分子。

国民革命运动的起伏

辛亥革命虽然推翻了满清王朝的君主专制制度，但西方列强依然对中国进行着殖民统治，人民的权利仍旧无法得到保障。

破坏共和的事件接连发生。先有暗杀内阁第一大党总理事件发生（1913 年 3 月国民党负责人宋教仁在上海遇刺身亡），孙中山为此发动了“二次革命”（意为完成辛亥革命未竟事业）；继有 1916 年袁世凯复辟帝制事件，孙中山等人发动护国运动，意在维护中华民国体制；后有北洋军阀毁弃《临时约法》事件，孙中山等人两次发起护法运动。一时间，议会制、总统制、内阁制，在中国粉墨登场，但都没有解决中国的问题，反而成为军阀政客借用的招牌。

上述事实使孙中山深感中国革命的任务还没有完成，还要继续努力。他认为革命之所以出现反复，关键是缺少一个领导革命通向胜利的坚强有力政党。他决定“以俄为师”，采取联俄、联共和扶助农工三大政策，并重新解释三民主义，将反对帝国主义侵略和“节制资本”作为重要内容。1924 年 1 月，经过充分准备，中国国民党第一次全国代表大会在南方的广州举行。此次会议，孙中山仿照俄共模式建党，完成了对中国国民党的改造，强调“以党建国”“以党治国”，并吸纳中国共产党人加入国民党，开始了第一次国共合作。国民党一大后，孙中山参照苏联红军学校建制，于 1924 年 5 月创办了中国国民党陆军军官学校，因校址设在广州市郊的黄埔岛上，又称黄埔军校。

1924 到 1927 年间，在国共两党的合作和努力下，中国的国民革命运动出现新发展。工人运动和农民运动出现高潮，广东革命根据地得到统一，在广州成立了国民政府，国民革命军实施了北伐。1925 年 3 月 12 日，中国民主革命的先行者孙中山因病在北京逝世。孙中山的去

黄埔军校旧址

世使国民党内出现权力真空，各派为争夺领导权展开斗争，并出现反对国共合作论调，鼓吹“清党”（清除国民党内的共产党员）。1927年4月和7月，在国民革命军北伐节节胜利的凯歌声中，掌握国民党军权和党权的蒋介石、汪精卫，开始“清党”，第一次国共合作失败。

1927年4月18日，国民党南京国民政府成立。1928年4月，南京国民政府宣布继续北伐。6月上旬，国民政府军队开进北京，历时16年、由北洋军阀控制的北京政府垮台。6月15日，南京国民政府发表宣言，宣称全国统一已告完成。12月29日，东北地方当局宣布“服从国民政府，改旗易帜”。至此，国民党在南京建立的政权形式上统一了全中国。

1931年日本制造“九一八事变”后，由于南京国民政府采取不抵抗政策，中国大片国土沦陷，中国人民的抗日民主运动也逐步高

1937 年，在长城上与日本侵略军作战的八路军。（沙飞摄）

涨起来，特别是 1935 年日本侵入中国华北后，中华民族陷入新的危机。1936 年 12 月 12 日，国民党爱国将领张学良、杨虎城发动“兵谏”，逼蒋介石抗日，这便是著名的“西安事变”。经中国共产党和各方的共同努力，事变得到和平解决，这为国共等党派合作抗日奠定了基础。1937 年 7 月 7 日，日本侵略者发动全面侵华战争后，国民政府宣布对日作战，并接受了中国共产党关于国共合作的主张，开始了第二次国共合作。中国战场是第二次世界大战反法西斯主要战场，牵制了日本法西斯三分之二的兵力，有力地支持了欧洲和太平洋战场上的反法西斯战争。由于中国人民抗日战争在世界反法西斯战争中发挥了重要作用，此后成立的联合国将中国选为安理会五个常任理事国之一。

1945 年 8 月 15 日，中国人民抗日战争取得了最后胜利。此后，中国共产党与中国国民党为建立一个民主还是专制国家，展开了激烈的政治和军事斗争。

中国共产党领导建立新中国

1919年5月4日，北京发生了以青年学生为主体的抗议北洋政府卖国行径的游行示威活动。随后，全国许多城市爆发了支持北京学生爱国行动的游行活动，并演变成罢工、罢市、罢课斗争。这便是在中国近代历史上有划时代意义的“五四运动”。中国工人阶级从此登上政治舞台，其政治代表中国共产党诞生。李大钊、陈独秀、毛泽东、周恩来等中国共产党的政治领袖，参加并领导了“五四运动”。

在中国最早酝酿筹建共产党组织的是陈独秀和李大钊，他们首先在上海、北京等地发起筹建了中国共产党基层组织。1921年7月23日，中国共产党第一次全国代表大会在上海举行（后以7月1日为中国共产党成立纪念日）。出席代表12人，代表全国50多名党员。大会讨论了中国共产党党纲，确定党的名称为中国共产党。中国共产党的成立是中国历史上一件大事，从此，作为中国先进力量的工人阶级有了自己的政党，灾难深重的中国有了希望。

中国共产党诞生后，确立了在中国建立“真正民主共和国”的任务，通过与中国国民党开展合作，建立民主的联合战线，共同反对帝国主义、封建主义等革命对象。1924至1927年，国共合作的国民革命蓬勃发展。1927年蒋介石“清党”后，中国共产党领导的革命运动陷入低潮。此后，以毛泽东为代表的中国共产党人开辟了以农村包围城市并最终夺取城市的中国革命正确道路，并通过开展土地革命，在农村建立根据地，发展壮大革命力量。1927年到1937年，中国共产党领导的在部分农村建立的政权与国民党领导的城市政权进行了长达十年的对峙。1934年10月到1935年10月，中国共产党领导的工农武装力量实行大规模战略转移，进行了人类历史上罕见的二万五千里长征，其间于1935年

1 月在贵州遵义召开的一次重要会议，确立了毛泽东在中国共产党内的领导地位。

1937 年全面抗战爆发后，中国共产党与中国国民党进行了历史上第二次合作，共同抗击日本侵略者，直至 1945 年中国人民抗日战争取得最后胜利。抗日战争初期，以毛泽东为代表的中国共产党人分析了中日战争的基本特点和发展规律，阐明了抗日游击战略方针，指出了人民战争是争取抗战胜利的惟一正确道路。中国共产党很好地执行了抗日民族统一战线政策，发展进步力量，争取中间力量，孤立顽固势力，确保了中华民族和中国人民的根本利益。同时，中国共产党领导开辟了敌后战场，建立抗日根据地，并使敌后战场成为抗战中后期的主要战场，牵制并消灭了大量侵华日军。抗战期间，毛泽东和中国共产党人还完善了领导中国革命的基本理论——新民主主义革命理论，认为现阶段的中国革命是新民主主义革命，新民主主义革命胜利后，中国

位于上海的中共一大会址

既不可能成为西方式国家，也不可能进入社会主义社会，而是建立新民主主义国家。

1945 年 7 月，在中国人民抗日战争即将取得最后胜利的时刻，中国共产党在延安召开了第七次全国代表大会。此时的中国共产党已经成为一个有 90 多万党员、领导 120 万武装力量、拥有大片根据地的全国性政党。中国共产党七大为中国革命的胜利作了思想、组织准备，提出中国革命的前途和命运是："废除国民党法西斯独裁统治，实行民主，巩固和扩大抗日力量，彻底打败日本侵略者，将中国建设成一个独立、自由、民主、统一、富强的新国家。"

抗日战争胜利后，中国人民普遍希望以此为转机建设一个独立、民主、团结、富强的新中国，但蒋介石为首的国民党政权坚持内战独裁的政策，企图消灭中国共产党领导的人民军队和解放区。中国共产党力主和平民主，与国民党蒋介石集团展开斗争。1946 年 6 月，国民

中国人民政治协商会议第一届全体会议会场

党军队对中国共产党领导的解放区发动进攻，全面内战爆发。中国共产党团结全国民主进步力量，向国民党军队发起反击，并取得军事上主动权，展开战略决战，最终打败国民党蒋介石集团，迫使其败退台湾。

1949 年 9 月 21 日，中国人民政治协商会议第一届全体会议在北京开幕，中国共产党与各党派等方面代表出席。毛泽东主持会议并宣布：占人类总数四分之一的中国人从此站立起来了，中国人被人认为不文明的时代已经过去了。10 月 1 日，毛泽东在天安门宣布中华人民共和国中央人民政府成立。从此，一个新中国开始展现在世人面前。

基本路线一百年不动摇

新中国的探索和改革开放

中华人民共和国从 1949 年建立至今，已走过 60 多个年头。60 多年来，中国人民在建设自己国家的过程中，有许多喜悦和成功，也有不少挫折和失误。经过艰辛探索，中国共产党领导中国人民最终开辟了一条符合本国国情的现代化建设道路，即中国特色社会主义道路。

1978 年，是新中国历史的转折点，中国开启了改革开放的历史新时期。自此，中国人民、中国国家和中国共产党的面貌发生了巨大的变化，中国与世界的关系也进入了新的发展时期。

新中国从一穷二白开始

中华人民共和国的建立，翻开了中国历史的新纪元。中国人民欢庆新中国的诞生，满怀豪情地投入到建设自己国家的伟大事业之中。但新中国是建立在旧中国经济、文化极端落后基础之上的，中国人常用“一穷二白”四个字来形容新中国成立时起点之低。

以 20 世纪 30 到 40 年代的发展水平为标准，当时中国的现代工业在国民经济中所占比重只有 10% 左右，而农业和手工业却占了 90% 以上。可以说新中国成立时还是一个落后的农业国家。

1949 年中国人口已是世界第一，以人均计算，主要工农业产品在世界均排名近乎最后。

1949 年 10 月 1 日，毛泽东主席宣布中华人民共和国中央人民政府成立。

1949年10月新中国成立时，机械工业几乎等于零，飞机、汽车、拖拉机、大型机械均不能制造。文化教育同样落后，全国文盲占人口数的80%。医疗水平十分落后，人均寿命只有35岁。新中国面对的是旧政权留下的满目疮痍。

新中国成立伊始，人民政府和作为执政党的中国共产党便把主要精力用于巩固政权和发展经济上。到1951年10月，省、市、县、乡等几级地方人民政府在全国范围内建立起来，并在少数民族聚居区逐步实行民族区域自治，结束了国家长期分裂和混乱的局面。在经济方面，没收旧中国的国家垄断资本经济为国有（约占全国工业资本的66%），建立起社会主义性质的国营经济。新中国成立时面临的严重困难之一，是投机资本横行，经济秩序混乱，市场物价不断上涨。为此，国家采取打击投机资本、加强市场管理、稳定物价、统一全国财政收支等措施，使财政经济状况逐步好转。

新中国在全国范围内开展了土地改革运动。旧中国的土地制度

通过土改，农民分得了土地。

极不合理，占乡村人口不到 10% 的地主、富农，占有 70%—80% 的土地。而占乡村人口 90% 的农民，却只占有 20%—30% 的土地。地主通过占有土地对农民进行地租剥削，并通过高利借贷等手段榨取农民的血汗。土地改革彻底结束了封建地主土地所有制，解放了生产力，使 3 亿多无地少地的农民得到了耕地，极大地调动了广大农民的生产积极性。

新中国向旧社会的遗毒展开清除行动，主要是禁止贩毒吸毒、取缔卖淫嫖娼和聚众赌博等社会丑恶现象。鸦片给中国和中国人民带来巨大灾难。鸦片战争后的 100 多年间，烟毒愈演愈烈，直到新中国成立初期，仍有蔓延之势，全国吸毒人数达 2000 万人，个别地方有近四分之一的人吸食鸦片。人民政府有步骤地开展禁烟工作，

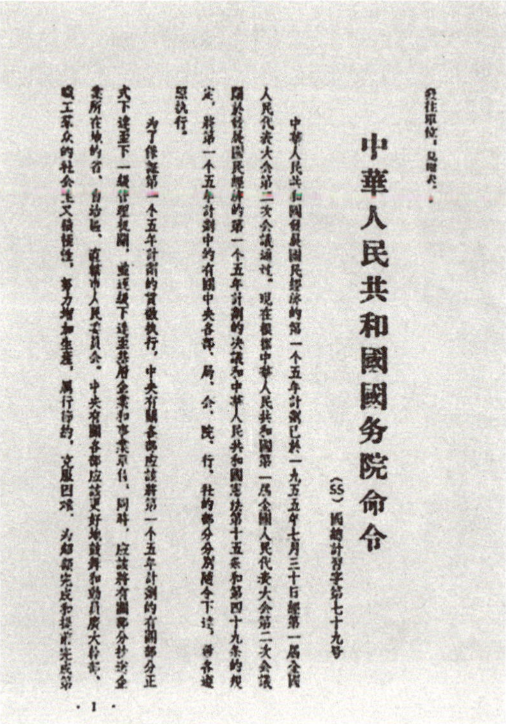
发往单位：见附表。

中華人民共和國國务院命令

（55）國經計習字第七十九号

中華人民共和國發展國民經濟的第一个五年計劃已於一九五五年七月三十日經第一屆全國人民代表大会第二次会議通过。現在根據中華人民共和國第一屆全國人民代表大会第二次会議關於發展國民經濟的第一个五年計劃的決議和中華人民共和國憲法第十五条和第四十九条的規定，將第一个五年計劃中的有關中央各部、局、会、院、行、社的部分分別随令下達，希各遵照執行。

为了保証第一个五年計劃的貫徹執行，中央有關各部应該將第一个五年計劃的有關部分正式下達至下一級管理機關，並逐級下達至基層企業和事業單位。同時，应該將有關部分抄送企業所在地的省、自治區、直轄市人民委員会。中央有關各部应該更好地鼓舞和動員廣大職工群众的社会主义積極性，努力增加生產，厲行節約，克服困难，为超額完成和提前完成第

·1·

周恩来 1955 年 12 月 19 日签署的关于执行第一个五年计划的国务院令

到1952年底，为害一个多世纪的烟毒被基本禁绝。在旧中国，妓女是整个社会中最为悲惨的人群。人民政府采取有力措施，封闭妓院，取缔嫖娼，改造妓女。

经过新中国成立后三年多的艰苦工作，国民经济得到恢复和初步发展。1952年，工农业总产值达到810亿元人民币，比1949年增长77.6%，平均每年增长20%左右。主要工农业产品的产量均超过新中国成立前的最高水平。人民生活普遍得到改善，同1949年相比，1952年职工工资平均提高70%，农民收入增长30%。在国民经济全面恢复的基础上，中国人民从1953年起开始进行大规模的经济建设。经过新中国成立后三年多的建设，中国共产党改变了原来准备经过相当长时间向社会主义过渡的设想。1952年9月，毛泽东提出，用10到15年的时间基本完成向社会主义的过渡，过渡的主要任务就是基本上完成国家工业化和对农业、手工业、资本主义工商业的社会主义改造。

实现国家工业化，是中国人民近百年梦寐以求的美好目标。中央政府提出了发展国民经济的第一个五年（1953—1957）计划，确定兴建包括钢铁、飞机、机床、汽车、石化等156个工业项目，开始了大规模工业建设。到1957年底，计划的各项指标都大幅度地超额完成。1957年，工农业总产值达1241亿元人民币，按可比价格计算，比1952年增长56.9%。重工业主要产品的产量大幅度增长，旧中国重工业基础十分落后的局面有了明显改观。

从1953年开始，中国全面开展了对农业、手工业和资本主义工商业的社会主义改造。其任务是：把资本主义工商业私人所有制改造成为全民所有制，把以农民和手工业者个体劳动为基础的私人所有制改造成为劳动群众集体所有制。到1956年，生产资料私有制的社会主义改造已经基本完成。在国民经济中，全民所有制和劳动群

1956 年 9 月 15 日至 27 日，中国共产党第八次全国代表大会在北京政协礼堂举行。

众集体所有制这两种形式的公有制经济，已经居于绝对主导地位，社会主义经济制度在中国确立起来。

1954 年，第一届全国人民代表大会第一次会议在北京举行，来自全国的 1226 名代表出席。此前在全国范围内由人民通过普选的方法产生了乡、县、省（市）各级人民代表，并召开各级人民代表大会。此次会议制定了《中华人民共和国宪法》，讨论和通过了政府工作报告，选举了新的国家领导机构人员。选举毛泽东为中华人民共和国主席，刘少奇为全国人大常务委员会委员长，决定周恩来为国务院总理。《中华人民共和国宪法》规定：中华人民共和国是工人阶级领导的、以工农联盟为基础的人民民主国家；中华人民共和国的一切权力属于人民；人民行使权力的机关是全国人民代表大会和地方各级人民代表大会；中华人民共和国全国人民代表大会是最高国家权力机关，是行使国家立法权的惟一机关；国务院，即中央人民政府，是最高国家权力机关的执行机关，是最高国家行政机关。新中国的政治制度由此确立。

1956年，中华人民共和国进入了全面建设社会主义新时期。当年9月，中国共产党在北京召开了第八次全国代表大会，这次代表大会距上次代表大会时隔11年。这次大会认为当时中国国内的主要矛盾，是人民对于建立先进的工业国的要求同落后的农业国的现实之间的矛盾，是人民对于经济文化迅速发展的需要同当前经济文化不能满足人民需要的状况之间的矛盾。中国共产党和中国人民的主要任务，就是要集中力量解决这个矛盾，把中国尽快地从落后的农业国变为先进的工业国。

探索中的挫折和失误

在中国这样一个幅员辽阔、人口众多、经济文化落后、地区发展不平衡的大国进行现代化建设，是一项十分艰巨而又复杂的任务。中国的社会主义建设究竟应该怎样进行，这对中国共产党和中国人民是一个全新的课题。上世纪 50 年代，中国共产党对于什么是社会主义、怎样建设社会主义这一根本问题的认识，还处在探索阶段。

新中国成立初期的国际国内形势，特别是国际上冷战局面的存在和巩固新生政权的需要，使中国共产党一度坚持以阶级斗争理论指导国家建设，并追求纯而又纯的社会主义。

1957 年的反右派斗争被严重扩大化，是以阶级斗争理论指导国家建设的一次重大失误。

为加强中国共产党的自身建设，克服官僚主义、主观主义和宗派主义，1957 年 3 月，中共决定在党内开展整风运动，以更好地担负起领导建设新国家的任务。整风运动中，中共特别重视邀请党外人士帮助整风。一些民主党派负责人和无党派民主人士向中共提出了批评意见，但也有个别人借机攻击中国共产党的领导和社会主义制度。毛泽东认为，少数右派分子想借给中共提意见来推翻共产党的领导，推翻社会主义制度，必须进行反击。反右派斗争于由此发动，并出现扩大化。反右派斗争的扩大化，严重损害了广大人民建设国家的积极性，损害了社会主义民主，造成了国家社会政治生活的不正常。

1958 年的“大跃进”运动，是急于摆脱国家贫穷落后状况、跑步进入共产主义的一次失败尝试，教训惨痛。

社会主义制度的确立和第一个五年计划的完成，大规模建设全面展开，使得全国上下热情高涨。中国共产党认为经济建设完全有可能以更快的速度进行，在短时间内改变中国的落后面貌，实现国家富强的目标。为此，中共制定了社会主义总路线，并相继发动了“大跃进”和人民公社化运动。总路线的内容是：鼓足干劲、力争上游、多快好省地建设社会主义。这条总路线集中反映了中共和人民群众迫切要求改变国家经济、文化落后面貌的普遍愿望，同时也蕴涵着急躁冒进、急于求成的思想，片面强调经济建设的速度，过分夸大人的主观意志和主观努力的作用，忽视客观规律。

1957 年 11 月，毛泽东率领中国共产党代表团赴苏联，参加在莫斯科举行的各国共产党和工人党代表会议。会议期间，苏联提出 15 年赶上和超过美国，毛泽东则提出中国在钢产量方面 15 年后赶上或者超过英国。同年冬，全国开始了“大跃进”运动。在工业上，政府不断提高钢产量指标，提出 1958 年钢产量要比 1957 年翻一番，达到 1070 万

1958 年，宁夏石咀山土法建造小炼钢炉。

吨。为实现这一目标，全国上下开始了大炼钢铁运动。在农业上，要求不断提高农作物产量，1958 年提出的第二个五年计划要求粮食产量从 2500 亿公斤提高到 3500 亿公斤。为实现这一目标，在农村开展了人民公社化运动，取消规模较小的农业生产合作社。公社既是农村政权组织，又是经济组织，其最突出的特点是“一大二公”：“大”，就是人多，好纳入计划，没有办不成的事情，当时 2 万户以上的特大公社全国就有 50 多个；“公”，就是公有，取消家庭生产、家庭副业、集市贸易等活动，由公社统一核算、统一分配。“大跃进”运动盲目追求高速度，不顾客观事实，从根本上违背了经济建设规律，表明中国共产党对在中国进行社会主义建设的艰巨性和长期性估计不足。人民公社化运动的实质就是试图在生产力不发达的基础上建立一个所谓普遍平等、平均、公平合理的社会，是一种不现实的超越阶段的空想。“大跃进”和人民公社化运动的结果，中国经济连续三年出现大幅下降，人民生活面临严重困难。人民公社这种农村集体所有制在中国持续了 20 多年，直到 1978 年实行改革开放政策后才被终止。

从 1959 年到 1962 年，中共采取了许多政策措施，对“大跃进”和人民公社化运动的失误进行纠正，对国民经济进行调整。在中国共产党和全国人民的共同努力下，国内经济形势有了很大好转。到 1965 年底，全国工农业总产值按可比价格计算，比 1957 年增长了 59.9%，其中农业总产值增长 9.9%，工业总产值增长 98%。全国城乡居民消费水平，1965 年比 1957 年提高 7.7%。但中国共产党内在指导思想上“左”的错误并没有得到有力纠正，在阶级斗争问题上的扩大化错误继续发展，直至形成了“以阶级斗争为纲”的指导思想。

1966 年，正当国民经济在历经几年调整后重现良好发展势头之时，中国的局势出现了大逆转。一场长达 10 年，给中国共产党、中国国家和人民造成严重灾难的“文化大革命”运动（1966—1976）爆发了。

经过新中国成立10多年的探索和实践，中国共产党在领导国家建设上有成功的经验，也有失败的教训。基于对经验和教训的总结，中共高层中有的领导人对于中国的发展模式，如何在中国进行社会主义建设，有了新的体会和认识，开始形成新的工作思路。但这些体会、认识和工作思路，与毛泽东的意见相左。毛泽东认为产生分歧说明，中国存在着无产阶级与资产阶级两条路线的斗争，中共党内存在修正主义和走资本主义道路的当权派，中国正面临着资本主义复辟的严重危险。为了使中国共产党的领导权掌握在真正的马克思主义者手里，毛泽东决心发动一场公开的、全面的、自下而上由群众广泛参与的全国性政治大革命。

毛泽东发动“文化大革命”，主观上并不是要把中国引向灾难，否则就不能解释为什么直到晚年他都认为自己发动的“文化大革命”是他一生所做的一件大事。毛泽东是在寻求中国自己的社会主义建设道路，维护和实践自己的政治理想。由于他的政治理想和做法与现实中国实际相脱离，结果只能事与愿违。中共党内一些别有用心的人，企图利用毛泽东发动的“文化大革命”满足自己的政治野心，则是毛泽东所始料不及的，这也使中国社会因“文化大革命”造成的挫折和损失更为惨重。

改革带来发展生机与活力

经过10年“文化大革命”，到1976年时，中国的国民经济已处在崩溃的边缘。

1976年9月9日，中国共产党、中国人民解放军和中华人民共和国的缔造者毛泽东逝世。以邓小平为核心的中国共产党第二代中央领导集体结束了“文化大革命”造成的危难局面，开辟了中国特色社会主义道路。

“文化大革命”的结束，使中国获得了重新走上正确发展道路的契机。通过开展真理标准问题的大讨论（这场讨论的核心问题是，到底应该以什么为标准来认识和判定历史是非，是以已故领导人毛泽东

深圳深南大道旁的邓小平画像

安徽凤阳小岗村的18位村民按下红手印要求包产到户，揭开了中国农村改革的序幕。

的指示、批示为准，还是以实践为准，最终坚持实践是检验真理的唯一标准一方得到中共全党支持），极大地解放了人们的思想，冲破了之前关于社会主义的一些条条框框的束缚，打破了个人崇拜的思想禁锢。1978年底召开的中共十一届三中全会，从根本上纠正了中国共产党过去在指导思想上的一些错误，彻底否定了“以阶级斗争为纲”的错误理论和实践，作出了把中国共产党和国家的工作重点转移到经济建设上来，实行改革开放的历史性决策，开创了中国现代化建设的新的历史时期。此后在中共全党和全国开始了拨乱反正工作，全面平反冤假错案，妥善解决历史遗留问题。1981年6月，中共十一届六中全会审议并通过了《关于建国以来党的若干历史问题的决议》，对新中国成立32年来中共的重大历史事件特别是“文化大革命”作出了正确总结，实事求是地评价了毛泽东的历史地位。

在拨乱反正和总结历史经验的同时，中国共产党开始全面推进国家的改革开放事业。1978年以来，从农村到城市、从经济领域到其他各个领域都进行了全面的改革；从沿海到沿江、沿边，从东部到中西部，对外开放的大门敞开了。这场中国历史上从未有过的大改革大开放，极大调动了亿万人民的积极性和创造性，使中国成功地实现了从高度集中的计划经济体制到充满活力的社会主义市场经济体制、从封闭半封闭到全方位开放的伟大历史转折。

中国的农村经济体制改革始于上世纪 70 年代末。从 1982 年开始，包产到户、包干到户的“双包”责任制在全国农村迅速推广，特别是包干到户（后称“家庭联产承包责任制”），最受农民欢迎。这种经营方式将生产成果和农业生产者的利益更直接地联系起来，不仅克服了以往分配中的平均主义弊病，而且简便易行，成为改革开放以来中国农业的基本经营制度。“家庭联产承包责任制”充分调动了农民的生产积极性，农业生产不断上新台阶。从 1979 年到 1984 年，农业总产值年均增长 8.9%，人均占有粮食由 1978 年的 319 公斤增加到 1984

农村改革使农民得到了实惠。

年的395.5公斤，主要农业副产品产量大幅度增长，人民生活明显改善。农村经济体制改革取得的成功，坚定了人们对于改革的信心，为各领域的全面改革奠定了物质基础，起到了示范效应。

中国的城市经济体制改革与农村经济体制改革大体同时启动，但由于长期计划经济体制的影响，需要解决的问题更为复杂。改革以试点的方式进行，并首先从扩大企业自主权开始，随着试点范围的扩大，又陆续进行了企业经营责任制和所有制结构等方面的改革，逐步打破了单一的所有制经济，实现经济形式的多样化。上世纪80年代和90年代，随着改革开放的深入，中国广泛借鉴人类文明发展成果，在实践中不断探索适合本国国情和发展实际的经济理论和经济发展模式。1981年，中国确认了社会主义社会也存在市场经济。1982年，提出了“计划经济为主，市场调节为辅”，在坚持公有制经济主导地位的前提下，发展多种经济形式，鼓励合作经济的发展，允许个体经济的适当发展。1984年，明确提出私营经济和三资（中外合资、中外合作、外商独资）经济，是社会主义经济必要的和有益的补充。1992年，提出建立社会主义市场经济体制，使市场在国家宏观调控下对资源配置起基础性作用。1997年，强调要抓紧实现经济体制和经济增长方式的转变，即由计划经济向市场经济转变、由粗放型经济增长向集约型经济增长转变，中国进入了深化经济体制改革和加快建设现代化的重要时期。进入21世纪后，在经济发展理念上，中国又开始了加强宏观调控，调整经济结构和转变增长方式，着力推进改革开放和自主创新。30多年来，在逐步形成的一整套经济理论和经济模式指引下，中国对国有企业及金融、财税、投资、价格、外贸、商业、劳动、教育、卫生、交通等各领域进行了全方位的改革。目前，中国的社会主义市场经济体制已初步建立起来并进入不断完善的新阶段。2013年11月，中共十八届三中全会确认，市场在国家宏观调控下对资源配置起决定性作用。市场机制的引入，为中国经济发展增添了生机与活力。

在进行经济体制改革的同时，中国一刻也没有放松对政治体制的改革，不断建立和完善与经济体制相适应的政治体制。通过总结“文化大革命”的经验教训，以邓小平为代表的中国共产党人，首先从中国共产党和中国国家的领导制度入手，进行政治体制改革。邓小平认为，中国共产党和中国国家领导制度需要革除的弊端，主要是官僚主义现象，权力过分集中现象，家长制现象，干部领导职务终身制现象、各种特权现象，以及封建残余思想。如果不坚决改革这些弊端，过去出现过的一些严重问题今后就有可能重新出现。

对外开放加快发展步伐

中国的改革与开放是相伴而生的，要改革就必须对外开放，要开放又必须进行改革。开放就是要打开国门，把中国和世界联系起来。

历史上，中国一直是一个封闭半封闭的国家。虽然有过丝绸之路那样的中外文化交流通道，但总体而言，特别是在立国观念和处理与外部世界的关系上，缺乏对外开放的意识。中国曾一次次地失去发展与外部世界关系的机会。1978 年以后，中国把对外开放作为基本国策，坚定不移地把中国的发展与世界的发展结合起来。

中国的对外开放首先从创建经济特区开始。1980 年，在位于中国南部和东南部广东、福建两省的深圳、珠海、汕头、厦门设置经济特区，并明确特区是利用外资、引进技术、发展经济的一种特殊形式。经济特区创建后，呈现强劲发展势头，在特区的示范下，对外开放步伐不断加快，逐步形成多层次、有重点、点面结合的对外开放格局。1984 年，中国正式对外开放大连、秦皇岛、天津、烟台、青岛、连云港、南通、上海、宁波、温州、福州、广州、湛江、北海等 14 个沿海港口城市。1985 年，又将长江三角洲、珠江三角洲、闽南厦（门）漳（州）泉（州）三角地区和辽东半岛、胶东半岛开辟为沿海经济开放区，通过加速沿海地区发展带动内地经济发展。1988 年，建立海南省，使之成为中国最大的经济特区。至此，中国从南到北就形成了由 5 个经济特区、14 个沿海开放城市、3 个沿海开放区、两个开放的半岛和海南省构成的辽阔的对外开放地带。上世纪 90 年代之后，中国继续加快对外开放步伐。1990 年，中国正式开发开放上海浦东新区，短短几年间，一个外向型、多功能、现代化的新城区奇迹地崛起，带动了全上海以及长江三角洲和整个长江流域经济的发展。

开发开放后的上海浦东陆家嘴

1992 年春天，中国改革开放的总设计师邓小平先后视察了中国中部的武昌、南部的深圳、珠海和东部的上海，发表了著名的“南巡谈话”。邓小平在谈话中就坚持走中国特色社会主义道路，特别是抓住当前有利时机，加快改革开放的步伐，集中精力把经济发展好等一系列重大问题，发表了重要的意见。此后，在以江泽民为核心的中共第三代领导集体的带领下，中国的改革开放进入了一个新的发展阶段。1992 年，中国北方的边境城市黑河、绥芬河、珲春和满洲里对外开放。同年，一些沿海开放城市开始建立保税区，实行比经济特区更加灵活、优惠的政策，按照国际惯例运作；批准近 60 个市、县、镇为对外开放地区；长江沿岸的 10 个主要中心城市也全部对外开放。到上世纪 90 年代中后期，中国已形成了全方位、宽领域、多层次的对外开放格局。

经过长达15年的艰难谈判，2001年11月10日，在卡塔尔首都多哈举行的世界贸易组织第四届部长级会议以全体一致的方式，审议并通过了中国加入世界贸易组织的决定。加入世界贸易组织，是中国对外开放过程中一件意义重大的事情。加入世贸组织进一步拓宽了中国对外开放的领域和空间：由区域性的对外开放转变为全方位对外开放；开放领域由传统的货物贸易向服务贸易延伸；市场准入条件更加法制化、更加透明和规范。

利用外资作为中国对外开放基本国策的主要内容，在促进中国经济发展和开放型经济形成上发挥了重要作用。截至2012年上半年，外商在华累计投资设立企业达74.5万家，涉及农业、制造业、服务业等几乎所有领域。来华投资的国家和地区超过190个，绝大多数世界500强跨国公司在华投资或开展经营活动。尽管当前世界经济增长放缓，中国吸收外资面临挑战，但中国仍保持吸收外资的综合优势。到2012年，中国吸收外资已连续20年位居发展中国家首位，目前中国已累计吸收外商直接投资达1.3万亿美元。2011年的统计数据表明，占中国企业总数不到3%的外商投资企业，创造工业产值22万亿元，占全国的26.1%；缴纳税收19638亿元，占全国税收总额的20.5%；实现进出口额18601亿美元，占全国进出口总额的51.1%；在外商投资企业中直接就业的人口达4500万，占全国城镇劳动就业人口的14%。

积极合理吸收外资有效弥补了中国国内建设资金的不足，引进了大量先进技术、先进经营方式和管理经验，并带来了现代流通和市场营销理念，引入了国际竞争机制、国际规则和国际标准，在促进中国技术进步、推动产业结构调整升级的同时，加速了中国开放型经济的形成。通过积极有效利用外资，还开阔了人们的国际视野，推动了思想解放与观念更新。

2008年8月8日至24日，北京成功举办了第29届奥林匹克夏季运动会。这是第一次在发展中国家举行奥运会，国际奥委会主席罗格称这“是一届真正的无与伦比的奥运会”。北京奥运会主题口号是“同一个世界，同一个梦想”，表达了中国人民与世界各国人民共有美好家园、同享文明成果、携手共创未来的美好理想。2010 年 4 月 30 日，第 41 届世界博览会在上海隆重开幕。上海世博会主题是“城市，让生活更美好”。这是中国继北京奥运会后举办的又一国际盛会，成为人类文明的一次精彩对话。两次盛会的成功举办，标志着中国与世界的关系进入了一个新的发展阶段。

2007—2012 年外商投资企业对中国进出口的贡献

	2007	2008	2009	2010	2011	2012
进出口总额（亿美元）	21738	25616	22072	29728	36421	38668
外商投资企业	12549	14106	12174	16003	18601	18939
所占比例（%）	57.7	55.1	55.2	53.8	51.1	49.0

资料来源：中华人民共和国国家统计局

创造新的经济社会发展奇迹

自 1978 年以来，由于不断地深化改革和扩大开放，中国经济持续快速发展，社会全面进步，现代化建设取得巨大成就。

中国国内生产总值从改革开放初期的 1400 亿美元，增长到 2013 年的 9.43 万亿美元，年均增长 9.6% 以上，排名从世界第 15 位上升到第 2 位（2010 年达到这一排名）。中国经济总量总世界份额，从 1978

1978、2012 年中国主要工农业产品产量及居世界位次

产品名称	单位	1978 年		2012 年	
		产量	位次	产量	位次
谷物	万吨	26546	2	53935	1★
棉花	万吨	217	3	684	1★
油菜籽	万吨	187	2	1401	2★
肉类	万吨	856	3	8387	1★
钢	万吨	3178	5	72388	1
煤	亿吨	6	3	36.5	1
原油	万吨	10405	8	20748	4
发电量	亿千瓦时	2566	7	49876	1
布	亿米	110	1	849	1
水泥	万吨	6524	4	220984	1
化肥	万吨	869	3	6832	1★
电视机	万台	52	8	12824	1

资料来源：中华人民共和国国家统计局，带★者为 2011 年位次

年的 1.8% 增长到 2012 年的 11.5%。人均国内生产总值从 1978 年的约 200 美元增长到 2013 年的约 6750 美元。一些重要产品产量更是跃居世界前列。

对外贸易从开放初期的 206 亿美元，增长到 2013 年的 4.16 万亿美元，排名由全球第 29 位升至第 2 位。2000 年位居世界第 8 位，2003 年上升到第 4 位；2004 年超过日本，位居世界第 3 位；2010 年则超过德国，位居第 2 位。到 2006 年底时，中国国家外汇储备已超过日本，跃居世界第一；2013 年底，国家外汇储备达 3.82 万亿美元，是排名第 2 的日本的近 3 倍。

2006、2012 年国内生产总值居世界前十位国家比较
（单位：亿美元）

位次	2006 年			2012 年		
	国家和地区	国内生产总值	占世界比重（%）	国家和地区	国内生产总值	占世界比重（%）
1	美国	132446	27.5	美国	156848	21.9
2	日本	46593	9.1	中国	82270	11.5
3	德国	28970	6.0	日本	59640	8.3
4	中国	26301	5.5	德国	34006	4.7
5	英国	23737	4.9	法国	26087	3.6
6	法国	22316	4.6	英国	24405	3.4
7	意大利	18526	3.8	巴西	23960	3.3
8	加拿大	12691	2.6	俄罗斯	20220	2.8
9	西班牙	11280	2.5	意大利	20141	2.8
10	巴西	8820	2.2	印度	18248	2.5

资料来源：国际货币基金组织 WEO 数据库

人民生活水平不断提高，由解决温饱到实现小康，并向全面小康迈进。1978 年以来，中国城镇人均可支配收入增长了 70 倍以上；农村人均纯收入增长了近 60 倍；贫困人口从 2.5 亿减少到 2006 年的 2300 万人。2011 年末，中国将扶贫标准从人均年收入 1274 元大幅提高至 2300 元，提高近一倍，按新标准计算，中国贫困人口增至约 1.2 亿；截至 2013 年，中国贫困人口减少至 8249 万，两年时间即帮助近 4000 万人摆脱了贫困。

1978 年以来，中国城镇和农村居民恩格尔系数显著下降，2013 年城镇居民家庭恩格尔系数为 35.0%，下降 20 多个百分点；农村居民家庭恩格尔系数为 37.7%，下降了约 30 个百分点。目前，中国已拥有近 12.3 亿手机用户，有 6 亿多网民，其中手机上网人数 5.0 亿人，皆居世界第一位；汽车消费量仅次于美国，居世界第二位。

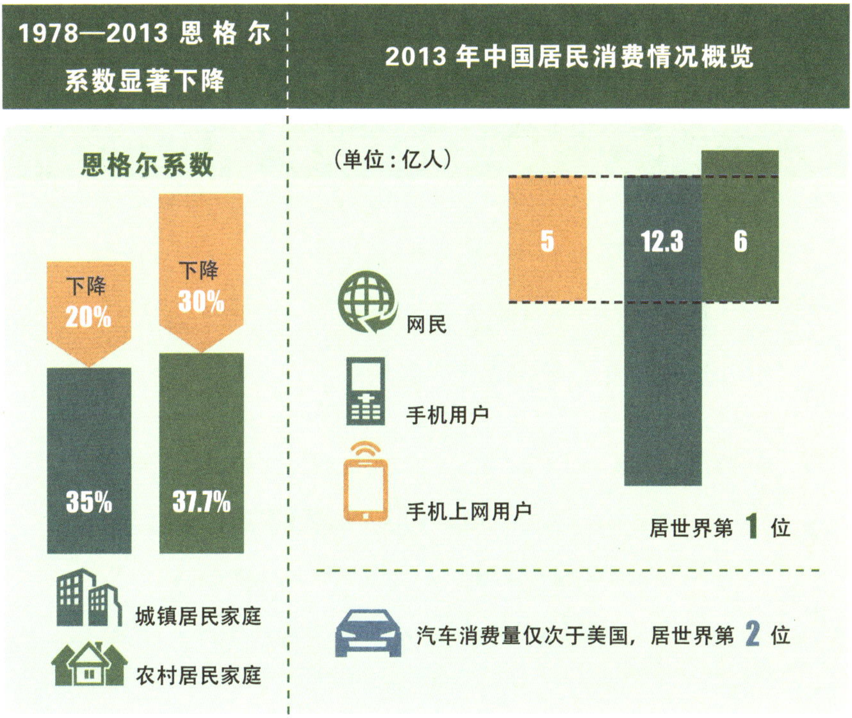

科技教育事业快速发展。2001—2005 年，全国研究与试验发展经费支出共 8203 亿元人民币，占同期国内生产总值的 1.16%，高于发展中国家平均 0.7% 的水平。而到 2011 年，该年的该项支出即达到 8610 亿元，占国内生产总值的 1.83%。2013 年，这一数字更是达到 11906 亿元，占国内生产总值的比重首次超过 2%。虽然与世界发达国家 5% 左右的 GDP 占比相比较，中国的科研投入在 GDP 中的占比还相对较低，但其增长速度是惊人的。目前，中国的专业技术人员和科学研究人员数量均居世界首位。到 2009 年，义务教育人口覆盖率已达到 99.7%。至 2013 年，高中阶段教育毛入学率达到 85%，高等教育毛入学率达到 30%。

中国卫生事业不断进步，居民享有的医疗卫生保健超过世界平均水平。目前，全国共有医疗卫生机构 97 万多个，各类医生 718 万人，医疗卫生机构床位 618 万张，均居世界首位。2489 个县（市、区）实施了新型农村合作医疗制度，新型农村合作医疗参合率 99.0%。国家全年资助 1229.3 万城市困难群众参加医疗保险，资助 4132.5 万农村困

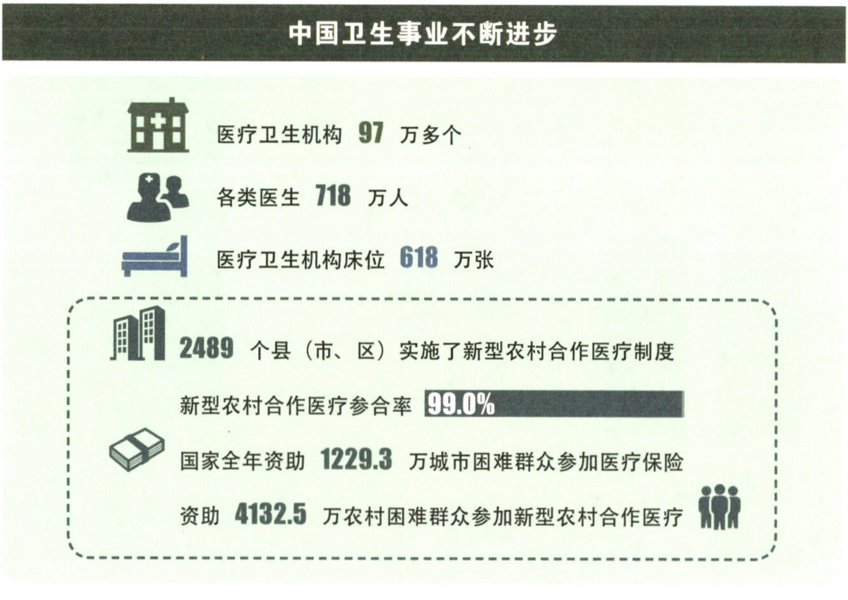

2013 年全国各类教育发展情况（单位：万人）			
各类教育	招生	在校生	毕业生
研究生	61.1	179.4	51.4
普通高等教育	699.8	2468.1	638.7
中等职业教育	698.3	1960.2	678.1
普通高中	822.7	2435.9	799.0
初中	1496.1	4440.1	1561.5
小学	1695.4	9360.5	1581.1
特殊教育	6.6	36.8	5.1
资料来源：中华人民共和国国家统计局			

难群众参加新型农村合作医疗。至 2010 年，人均预期寿命 74.8 岁，高于世界 69.6 岁的平均水平；婴儿死亡率由新中国成立时的 200‰降低到 2010 年的 13.9‰；孕产妇死亡率由新中国成立时每 10 万人的 1500 人降到 30 人。这些指标均处于发展中国家前列。

中国的社会保障水平也在不断提高。在城镇，有 2061.3 万居民得到政府最低生活保障。在农村，有 5382.1 万人享受农村居民最低生活保障，经济的发展和社会的进步使中国的国际竞争力持续提高。瑞士洛桑国际管理发展学院推出的《世界竞争力年鉴》从 1994 年起开始评估中国的国际竞争力，当时中国国际竞争力排第 34 位。2006 年中国国际竞争力由第 31 位上升至 19 位，一年内前移了 12 位。2007 年，中国的国际竞争力在 55 个国家和地区中达到第 15 位。在其后几年内，中国的竞争力有所起伏，但总的态势是在稳定中发展。2013 年，中国的世界竞争力名列第 21 位，比前一年上升两位。

建设民主法治国家

在过去的一个多世纪里，中国人民为争取民主、自由、平等进行了不懈的奋斗。由于国情的不同，中国人民在中国共产党的领导下走上了中国特色社会主义民主法制建设道路。

20 世纪 70 年代末实行改革开放政策以来，中国进入了发展社会主义民主、建设社会主义法治国家的新时期。人民代表大会制度、中国共产党领导的多党合作和政治协商制度、民族区域自治制度以及基层群众自治制度等国家民主制度得到发展和完善，公民的基本权利得到尊重和保障，中国共产党民主执政能力进一步提高，政府民主行政能力显著增强，司法民主体制建设不断推进。政治体制改革不断推进，国家领导制度、立法制度、行政管理制度、决策制度、司法制度、人事制度和监督制约制度等方面的改革取得了显著成效。在依法治国，建设社会主义法治国家目标的指引下，社会主义民主的制度化、规范

民主法治宣传活动

化和程序化建设不断加强，以宪法为核心的中国特色社会主义法律体系基本形成，国家政治、经济、社会生活的主要方面已基本做到有法可依。

中国根据自己的国情实行一院制，而不是西方国家实行的两院制。在中国，人民通过全国人民代表大会和地方各级人民代表大会，行使国家权力。年满 18 周岁的中国公民，不分民族、种族、性别、职业、家庭出身、宗教信仰、教育程度、财产状况、居住期限，除依法被剥夺政治权利的人以外，都有选举权和被选举权。全国各级人民代表大会代表目前共有 280 多万人。代表有权依法提出议案、审议各项议案和报告、对各项议案进行表决，在人民代表大会各种会议上的发言和

中华人民共和国国家机构体系

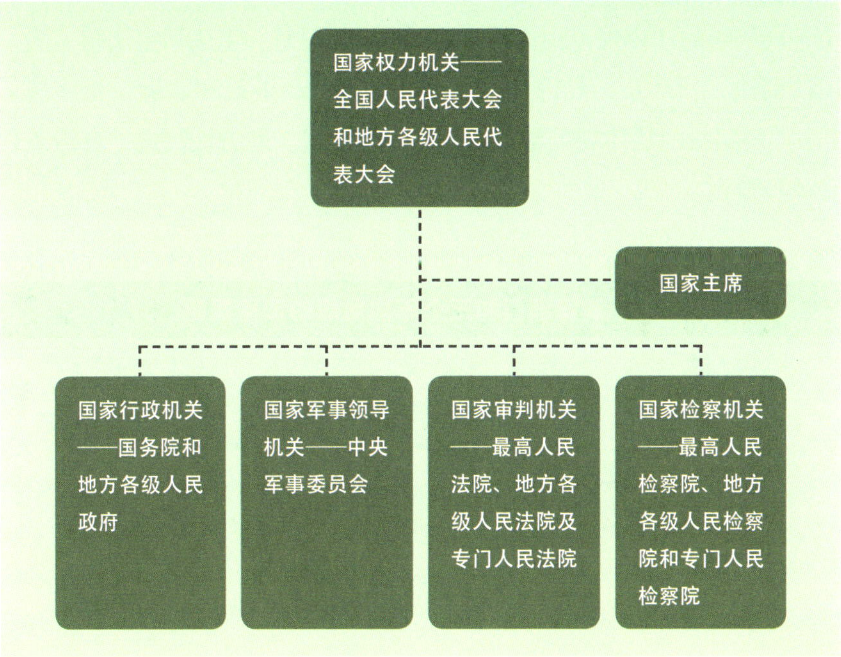

表决不受法律追究。在中国，国家行政机关、审判机关、检察机关都由人民代表大会产生，对它负责，受它监督。国家的重大事项由人民代表大会决定。行政机关负责执行人民代表大会通过的法律、决议、决定。法院、检察院依照法律规定分别独立行使审判权、检察权，不受行政机关、社会团体和个人的干涉。人民代表大会的职权主要有四项：立法、监督、人事任免、重大事项决定。

自 1978 年改革开放以来，全国人大及其常委会制定了现行有效的法律约 240 件，国务院制定了 690 多件行政法规，地方人大及其常委会制定了近 8600 件现行有效的地方性法规，民族自治地方的人民代表大会制定了 600 多件自治条例和单行条例。中国特色社会主义法律体系已经基本形成。在中国特色社会主义法律体系中，宪法居于核心和统帅地位。宪法规定国家的政治制度、经济制度、公民的权利和自由等，是国家的根本法。中国特色社会主义法律体系，是由 7 个法律部门和 3 个不同层级的法律规范构成的。7 个法律部门是：宪法和宪法相关法，民法商法，行政法，经济法，社会法，刑法，诉讼和非诉讼程序法。3 个不同层级的法律规范是：法律，行政法规，地方性法规、自治条列和单行条列。

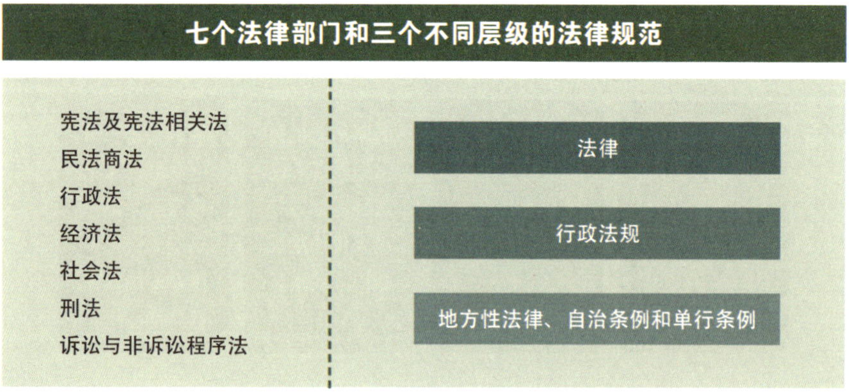

当代中国的法律体系

2012 年 1 月 15 日，浙江省政协十届五次会议在省人民大会堂胜利闭幕。

政党制度是由一国性质、国情所决定的。中国的政党制度既不同于西方国家的两党制或多党制，也有别于一些国家实行的一党制，而是中国共产党领导的多党合作和政治协商制度。中国目前共有 9 个政党。除中国共产党外，还有中国国民党革命委员会、中国民主同盟、中国民主建国会、中国民主促进会、中国农工民主党、中国致公党、九三学社、台湾民主自治同盟。由于这些政党大都成立于中国人民抗日战争（1937—1945）和解放战争（1946—1949）时期，是在争取民族解放和民主自由的过程中建立的，因此被称为“民主党派”。中国政党制度的显著特征是：中国共产党领导、多党派合作，中国共产党执政、多党派参政。各民主党派是与中国共产党团结合作的亲密友党和参政党，而不是反对党或在野党。各民主党派参加国家政权，参与国家大政方针和国家领导人选的协商，参与国家事务的管理，参与国家方针政策、法律法规的制定和执行。中国人民政治协商会议是有广泛代表性的统一战线的组织，是中国共产党领导的多党合作和政治协商的重要机构，也是中国政治生活中发扬民主的重要形式。

中国是一个统一的多民族国家，迄今为止，通过识别并由中央政府确认的民族有 56 个。其中，汉族人口最多，其他 55 个民族人口较少，习惯上被称为少数民族。2010 年第六次全国人口普查统计，55 个少数民族人口为 11379 万人，占全国总人口的 8.49%。世界上的多民族国家在处理民族问题方面有不同的模式，中国根据本国的历史发展、文化特点、民族关系、民族分布等具体情况，采用的是民族区域自治。民族区域自治，是指在国家统一领导下，在少数民族聚居地方实行区域自治，设立自治机关，行使自治权。民族自治地方分为自治区、自治州、自治县三级。目前，全国共建立了 155 个民族自治地方，其中包括 5 个自治区、30 个自治州、120 个自治县（旗）。在 55 个少数民族中，有 44 个建立了自治地方，实行区域自治的少数民族人口占少数

中国民族自治区分布示意图

2009 年 9 月 2 日，四川省遂宁市安居区西眉镇竹林村举行村民监督委员会选举大会，197 名村民代表直接选出 5 名村民出任第一届监督委员会主任、副主任和委员。

民族总人口的 71%。同时，国家还在相当于乡的少数民族聚居的地方建立了 1173 个民族乡，作为民族自治地方的补充形式。

中国 13.7 亿人口中超过一半即 6.7 亿多人生活在农村。如何扩大和发展农村基层民主，使农民真正当家作主，充分行使自己的民主权利，是中国民主政治建设的重大问题。经过多年探索和实践，中国共产党领导亿万农民找到一条适合中国国情的农村基层民主政治建设的途径，这就是实行村民自治。村民自治组织是村民委员会，村民委员会成员由村民直接选举产生。在选举过程中村民委员会成员候选人由村民自己提名或参加投票选举，当场公布选举结果。村民的选举热情高涨，据不完全统计，全国农村居民的平均参选率超过 80%。

在半个多世纪的执政实践中，中国共产党形成了关于民主执政的一系列重要思想，初步建立了民主执政的制度体系，探索了民主执政的新途径和新方法。在中国，中国共产党的领导主要是政治、思想和组织领导，通过制定大政方针，提出立法建议，推荐重要干部，进行思想宣传，发挥党组织和党员的作用，坚持依法执政，实施党对国家和社会的领导。在实践中，中国共产党不断改革和完善领导体制和工作机制，努力探索民主执政的实践形式，按照执政党总揽全局、协调各方的原则，规范党委与人大、政府、政协和人民团体的关系。以发展党内民主带动人民民主是中国共产党民主执政的重要内容。经过长期不懈努力，中国共产党逐步探索出一套适合中国国情的监督和制约权力、有效开展反腐倡廉工作的制度、机制和办法，初步建立健全教育、制度、监督并重的惩治和预防腐败体系。

中国各级政府按照民主执政的要求，大力加强民主行政能力建设。中国政府强调要严格按照法定权限和程序行使职权，在行政执法过程中，注意依法保障当事人和利害关系人的权益，坚决纠正行政执法中的以权谋私等各种违法行为。中国政府在接受人大、政协、司法、舆论和群众监督的同时，还建立和完善了一系列行政监督制度。中国政府按照民主行政的要求，加快政府职能转变，大力推进管理体制和制度创新，努力建设廉洁、高效、务实政府，使政府行政充满效率和活力。

中国不断建立和完善司法体制和工作机制，加强司法民主建设，努力通过司法活动保障公民和法人的合法权益，在全社会实现公平和正义。中国在人民代表大会之下设立行政机关的同时，还专门设立独立审判机关和独立检察机关，实行审判机关与检察机关分开的司法体制。司法机关以事实为依据，以法律为准绳，严格依法办事，惩治违法犯罪，保障公民合法权益。在制度和程序上，中国司法坚持法律面前人人平等和罪刑法定等原则，通过实行审级制度、回避制度、公开审判制度、人民陪审员制度、人民监督员制度、律师制度、法律援助制度、人民调解制度等，维护和实现司法公正和民主，保障人民民主权利。

近年来，伴随着国家现代化建设事业的发展，中国的民主制度不断健全，民主形式日益丰富，民主渠道逐步拓宽，民主选举、民主决策、民主管理、民主监督得到更广泛的实行，人民的知情权、参与权、表达权、监督权进一步得到保障。

——中国的立法民主不断向前推进，几乎每一件法案的起草都采取专家座谈会、论证会等形式，听取各方面意见。一些关系人民切身利益的重大法案，在起草过程中都把草案向全民公布征求意见。2008年《食品安全法（草案）》发布后，人们通过网络、报刊、来信等不同方式提出11327条意见。

——1996年颁布的《律师法》确立了中国律师制度的基本框架。

——2004年3月，全国人大十届二次会议审议通过的宪法修正案，将“国家尊重和保障人权”载入宪法。

——通过推广政府门户网站为窗口的电子政务、建立健全政府新闻发言人制度和突发事件新闻报道机制等工作，政府工作透明度不断提高。

——社会听证和公示已逐渐成为各级政府在作出决策时经常采用的方法。

——2004年7月1日，《中华人民共和国行政许可法》正式实施，确立了政许可的一系列原则和制度。

——2007年10月1日，《中华人民共和国物权法》正式实施，用以调整因物的归属和利用而产生的民事关系。此法在起草过程中向全民公布并征求意见。

——2011年5月，15位社会公众代表走进全国人大机关办公楼，就《个人所得税法修正案（草案）》与最高立法机关直接对话。

医疗保险受理
3
咨询电话：4226225

世界上最大的发展中国家

中国是当今世界上人口最多的发展中大国。人口众多、资源相对不足、环境承载能力较弱，是中国现阶段的基本国情，并且短时间内难以改变。中国面临的发展问题，主要表现在不发达的经济同人民日益增长的物质文化需求的矛盾，表现在经济社会发展同人口、资源、环境压力较大的矛盾。

中国现代化建设任务十分艰巨，实现发展目标还有很长的路要走。当前，中国人民正在为全面建设小康社会而奋斗，不断创造更加幸福美好的新生活。

庞大的人口负担

中国最大的国情是人多，不发达。中国所面临的人口压力是其他国家的人们难以想像的。中国人 1 天所消耗的食物，基本上相当于新西兰人 1 年、日本人 13 天、美国人 4 天的消耗。人口问题是中国经济社会发展的关键性因素，也是中国发展中将长期面临的重大问题。

到 2013 年末，中国有 136072 万人口，约占世界总人口的 22%，是美国的 4 倍多，日本的 10 倍多，加拿大和澳大利亚的几十倍。在中国，不管多么小的问题，只要乘以 13 亿，那就成为很大的问题；不管多么可观的财力、物力，只要除以 13 亿，那就成为很低的人均水平。以人均计算，中国在许多方面在世界上排名靠后。中国的国土面积居世界第三，但人均耕地资源只有 0.103 公顷，大约是美国的 1/10，加拿大的

暑运高峰期间的沈阳北站候车大厅

位于边陲的内蒙古满洲里市也和全国许多中小城市一样，市区面积不断扩大。

1/30；人均淡水资源只有世界平均水平的1/4。尽管中国的国内生产总值目前已排名世界第二，但人均很低，2013年排在世界第89位。

经过30多年改革开放，中国的财富增长了，人民的生活水平提高了，但仍然处在不发达国家行列。目前，全国城镇享受最低生活保障的生活困难人口还有2000多万人。到2013年底，按提高之后的贫困线计算，全国农村没有解决温饱的贫困人口8249万人，享受农村居民最低生活保障的低收入人口有5382万人。据2006年的第二次全国残疾人人口普查数据推算，全国各类残疾人总数为8296万。

上世纪70年代，中国开始实行人口和计划生育政策，成功改变了中国人口发展的轨迹，也迟滞了世界总人口的增长。虽然中国已经进入了低生育率国家行列，但由于人口增长的惯性作用，近几年每年新增人口仍然达到600多万。

庞大的人口数量对中国经济社会发展产生多方面影响，在给经济社会的发展提供了丰富的劳动力资源的同时，也给经济发展、社会进步、资源利用、环境保护等诸多方面带来沉重的压力。

中国已进入老龄化阶段

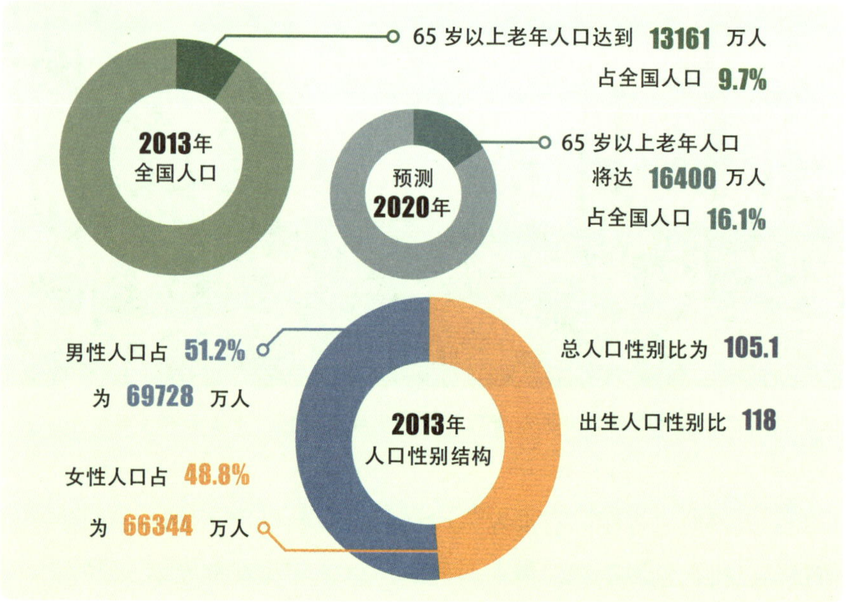

中国已进入老龄化社会。2013 年，65 岁以上老年人口达到 13161 万人（超过日本全国总人口），占全国人口的比重达到 9.7%。据预测，到 2020 年，65 岁以上老年人口将达 1.64 亿，占总人口比重达 16.1%；80 岁以上老人将达 2200 万人。中国老龄化呈现速度快、规模大、“未富先老”等特点。

从人口性别结构看，2013 年，男性人口占 51.2%，为 69728 万人；女性人口占 48.8%，为 66344 万人。总人口性别比为 105.1，出生人口性别比居高不下，达到 118，远高于国际公认的出生人口性别比的正常水平（103—107）。

2013 年 11 月，中共十八届三中全会通过《中共中央关于全面深化改革若干重大问题的决定》，其中指出，中国将坚持计划生育的基本国策，启动实施一方是独生子女的夫妇可生育两个孩子的政策，逐步

在公园晨练的老人

调整完善生育政策，促进人口长期均衡发展。目前，全国各地正在积极有序推进“单独两孩”政策，浙江、北京、江苏、广西等地已开始实施该政策。

中国人口科学文化素质的总体水平还不高：一是人口粗文盲率近4%，仍大大高于发达国2%以下的水平；二是大学粗入学率大大低于发达国家；三是平均受教育年限低于发达国家的人均受教育水平，略高于世界平均水平。2010年第六次全国人口普查资料显示，中国15岁及以上人口的人均受教育年限为9.05年，与发达国家之间仍存在较大差距。同时，城乡人口受教育程度存在明显差异。

中国13.6亿人口中，年龄为15岁到64岁的人口有10亿多，比整个发达国家人口还多3亿多。据预测，到2016年，15—64岁年龄人口将达到峰值10.1亿，2020年仍高达10亿左右。

劳动年龄人口保持增长态势。目前，中国城镇每年新增劳动力约千万，农村有剩余劳动力2亿多。就业的增长主要在城市，每年都有数百万人甚至上千万人从农村转移到城镇就业，而城镇每年平均增加约900多万个就业机会，难以满足新增劳动力和失业人员的就业需要。尽管中国目前的人口自然增长率已明显下降，妇女总和生育率已降到更替水平以下，但由于过去长期以来人口增长的惯性，总人口和劳动年龄人口都处于上升趋势，就业形势总体上处于供大于求的紧张局面。直到2030年，一般情况下中国每年劳动年龄人口总供给也不会低于目前的水平。

中国城镇化水平不断提高。由于多年来加快推进人口城镇化和产业结构升级，人口城镇化率以每年超过1个百分点的速度增长。2006年，全国城镇人口占全国人口比重大约为43.9%；2010年，城镇人口与乡村人口数已十分接近；2011年，城镇人口占总人口比重首次超过50%；2013年，城镇常住人口已达73111万人，占总人口比重为53.73%。

在快速城市化过程中，由于农用土地变更用途成为推动经济增长和增加财政收入的重要来源，中国各地存在大规模征地的冲动，土地城市化的速度较快。但与此同时，由于征地而失去土地的农民，从乡

北京举办的城乡结合部地区青年流动人口就业能力项目宣传会现场

村社会进入城镇社会，脱离了传统的乡村互助网络，进入人际关系陌生的城市社会，并没有因为户籍的变更而很快完成市民化的过程。土地的城市化大大快于农民的市民化，产生了一些新的社会矛盾和冲突，这是中国发展过程中需要面对和解决的问题。

中国正处于并将长期处于欠发达状态，人们快速增长的福利需求与满足这种需求的矛盾将长期存在。中国社会保障的形势近年来有较大改善，但仍面临严竣挑战，无论是社会保险、社会福利，还是社会救助等，都有许多工作要做。随着社会的发展变迁，中国延续了数千年的家庭代际养老模式正受到前所未有的挑战。中国目前的基本养老保险体制，大约覆盖全社会从业人员的 60% 左右，但多数农民是不享受的。即使是城镇的从业人员，也有很多人没有养老保险，包括大量的农民工和非正式就业人员。医疗保障制度不够健全。城镇医疗保障体系覆盖面小，农村合作医疗保障力度不够，2.45 亿流动人口的基本权益保障亟待加强。目前，中国政府正采取一系列措施，逐渐改变这种状况。

近年来中国各年龄段人口数及比重

（单位：万人，%）

年份	年底总人口	各年龄段人口					
		0—14 岁		15—64 岁		65 岁及以上	
		人口数	比重	人口数	比重	人口数	比重
2007	132129	25660	19.42	95833	72.53	10636	8.05
2008	132802	25166	18.95	96680	72.80	10956	8.25
2009	133450	24659	18.48	97484	73.05	11307	8.47
2010	134091	22259	16.60	99938	74.53	11894	8.87
2011	134735	22164	16.45	100283	74.43	12288	9.12
2012	135404	22287	16.46	100403	74.15	12714	9.39

发展中的差距和不平衡

当今的中国，在人们收入水平和生活水平不断提高的同时，还有一些低收入者的生活较为困难，不同社会成员之间的收入差距有扩大的趋势。社会事业发展相对滞后，教育、卫生、住房等一些涉及人民切身利益的问题还没有得到很好解决。

收入差距过大、贫富分化是中国社会发展中一个比较突出的问题。据一些学者统计推断，当前中国 10% 的最富人口与 10% 的最穷人口，两者收入相差可能达到 20 倍以上。据世界银行测算，中国的基尼系数约为 0 .47，超过 0.4 的国际公认警戒线。中国政府正在采取一系列措施，以规范收入分配秩序，缩小收入差距。

中国收入差距问题集中表现在：一是城乡收入存在差距。2013 年，中国城镇居民人均可支配收入为 26955 元人民币，而农村居民人均纯

好收成让河南开封农民喜笑颜开。

收入为 8896 元人民币，城乡人均收入比为 3.03∶1。二是地区收入存在差距。2012 年城镇居民人均可支配收入最高的省份（直辖市除外）是浙江，为 34550 元人民币，最低的省份是新疆，为 17157 元人民币；农村居民人均纯收入最高的省份同样是浙江，为 14552 元人民币，最低的省份仍是甘肃，仅为 4495 元人民币。三是行业收入存在差距。2012 年收入最高的金融业平均工资达到 89743 元人民币，而收入最低的农、林、牧、渔业则为 22687 元，两者之比是 3.96∶1。

社会发展的不平衡是由经济发展的不平衡造成的，而经济发展的不平衡主要表现在城乡（工业与农业）经济发展的不平衡上。中国的农业主要在农村，工业主要在城市，城乡发展不平衡可以从工农业发展不平衡看出来。“三农”（农业、农村、农民）问题，是中国经济社会发展中头号难题。“三农”问题的出现，从深层次上分析是长期以来中国城乡分割的二元经济结构所致，表现在过多的农村人口与有限且不断减少的土地等农业生产资料的矛盾。随着中国城乡发展一体化进程的加速，目前，农民占中国总人口的比例已下降至 46%，第一产业（农、林、牧、渔等）从业人员有近 2.6 亿，占全部就业人数的 33.6%，但创造的产值只占国内生产总值的 10.1%。

经济发展的不平衡还表现在地区经济发展仍不平衡。2012 年人均国内生产总值，西部为 31357 元人民币，东部为 57722 元人民币，其比值为 1∶1.84，东部仍然明显高于西部。另外行业经济发展也不平衡。

2010 年，中国发布《国家中长期教育改革和发展规划纲要（2010–2020 年）》，提出要加快从教育大国向教育强国、从人力资源大国向人力资源强国迈进，到 2020 年，基本实现教育现代化。该《纲要》明确提出，要提高国家财政性教育经费支出占国内生产总值比例。2012 年，国家财政性教育支出达 21165 亿元，占国内生产总值的 4.1%，达到了发展中国家的一般水平，与发达国家这一比重的差距明显缩小，教育投入不足的问题明显改善。但教育事业发展中仍然存在一些引人关注的问题，比如城乡、区域、校际之间教育资源配置不平衡，受教育机会不均等，特别是贫困家庭、进城务工农民子女上学难。

医疗卫生方面的问题，突出表现在卫生资源配置不合理。全国约80%的卫生资源集中在城市，而优质医疗卫生资源又过度集中在大城市、大医院，社区卫生服务资源短缺，且没有形成“预防为主”的服务体系和合理就诊机制。在农村，医疗卫生资源短缺，边远贫困地区缺医少药的现象更为突出。另外，中国卫生投入相对不足，卫生总费用占 GDP 的比重 2011 年为 5.15%，高于印度（4.2%），接近俄罗斯（5.6%），但远低于同为金砖国家的巴西（8.8%）和南非（9.2%）。

中国人均国内生产总值已超过 6000 美元，经济社会发展正处于关键的转型期。这意味着中国已接近上中等收入国家平均水平线，进入了一个新的历史转折时期，正向高收入门槛水平迈进。国际经验表明，达到人均国内生产总值 6000 美元的发展水平之后，有的国家顺利实现

太原市妇幼保健院治疗中心，众多患儿正在接受治疗。

北京一所农民工子弟小学

转型，平稳迈进高收入国家行列；还有一些则由于没有处理好转型期主要矛盾，经济社会结构严重失衡，从而陷入停滞甚至倒退。尤其是当前的世界经济格局已进入全面调整期，世界经济的不确定性增大，需要在经济结构调整中寻求新平衡点。

2013年11月，《中共中央关于全面深化改革若干重大问题的决定》明确，中国将规范收入分配秩序，完善收入分配调控体制机制和政策体系，努力缩小城乡、区域、行业收入分配差距，从而逐步形成橄榄型分配格局，让中等收入群体持续扩大。从国际经验看，工业化比较成功的国家，都在工业化中期之后形成了“橄榄型”社会结构，从而有效地化解了社会矛盾。一般而言，中等收入群体比重达到40%—50%，表明一个社会初步形成“橄榄型”结构，中等收入者占多数，低收入者和高收入者均占少数。目前，中国的中等收入群体比重还比较低，大约占总人口的1/4。中国社会要形成“橄榄型”结构，还需要一段时间的转型和调整。对中国来说，这是一个重要发展时期，既存在机遇，也面临挑战。

经济发展与资源环境的矛盾

土地是最重要的生产要素之一。中国国土辽阔，但干旱、半干旱区占国土面积的 52%，高寒缺氧的青藏高原面积达 240 万平方公里，水土流失严重的黄土高原面积达 64 万平方公里，石漠化的岩溶地区面积达 90 万平方公里。中国现有耕地约 1.22 亿公顷，这是保证中国经济社会发展的一条耕地底线。中国的耕地面积不到 0.1 公顷，不到世界平均水平的 1/2，并且中低产田占耕地总面积的近 70%。对于要养活 13.6 亿人口的中国来说，耕地保护的压力巨大。

中国经济增长很快，但高投入、高能耗、高物耗、高污染、多占地的粗放经济增长方式未能根本改变。特别是目前中国正处在工业化、城镇化快速发展时期，由于能源和各种资源消费强度较高，污染排放较重，经济发展与资源环境的矛盾越来越突出。

2012 年中国能源消费结构

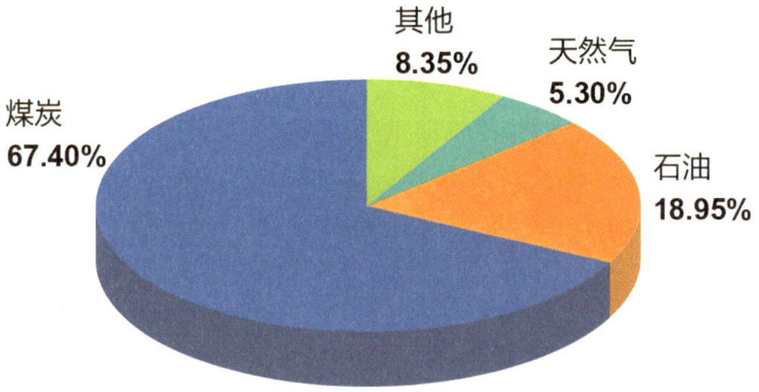

经济增长过分依赖第二产业，低能耗的第三产业发展滞后、比重偏低，这是造成消耗大污染重的一个重要原因。2013 年，中国第三产业增加值占国内生产总值的比重为 46.1%，超过了第二产业增加值所占比重（43.9%）；但发达国家第三产业的比重大多超过 70%，与之相比，中国仍有较大差距。

目前，中国已超过美国、俄罗斯，成为世界上第一大能源生产国和消费国。2013 年，中国一次能源生产总量 34 亿吨标准煤，全年能源消费总量则为 37.5 吨标准煤。然而，由于人口众多，中国又是一个能源资源相对匮乏的国家，而且消费结构不合理。

中国的能源资源拥有量低。目前，中国人均石油资源为世界平均值的 17.1%，人均天然气资源为世界平均值的 13.2%。中国是煤炭资源大国，但人均煤炭资源只有世界平均值的 42.5%。

中国能源资源分布广泛但不均衡。煤炭资源主要赋存在华北、西北地区，水力资源主要分布在西南地区，石油、天然气资源主要集中

中国新型煤化工产业正处于快速发展期。

在东、中、西部地区和海域。中国主要的能源消费地区集中在东南沿海经济发达地区。大规模、远距离的北煤南运、北油南运、西气东输、西电东送，是中国能源流向的显著特征和能源运输的基本格局。

中国的资源需求增长较快。上世纪 90 年代，中国石油消费量年均增长 7.2%，天然气年均增长 9.3%，钢年均增长 9.3%，铜年均增长 11.2%。本世纪初的几年，中国的能源消费年均增长达两位数，远高于世界年均增长率的 3%。近年来，中国已将控制能源消费过快增长作为重要目标，2012 年、2013 年中国能源消费只分别增长 3.9%、3.7%，有了显著的下降。

在能源技术上，中国已经取得很大进步，但与发展的要求和国际先进水平相比，还有较大差距。可再生能源、清洁能源、替代能源等技术的开发发展较快，但节能降耗、污染治理等技术的应用还不够广泛。2010 年，中国单位国内生产总值能耗为世界平均水平的 2.2 倍，远高于美国、日本、欧洲等先进国家。

粗放型经济导致低效率和低产出。中国劳动生产率明显低于西方发达国家。虽然近年来中国劳动生产率提升很快，2010 年的劳动生产率比 1990 年增长 1 倍以上，但是仍不到经济合作与发展组织（OECD）国家的一半水平，也不如拉美国家。中国科学院的报告认为，中国的劳动生产率只相当于美国的 1/12，日本的 1/11。

经济粗放型发展又带来严重污染，虽然中国采取多种措施，使主要污染物排放量逐年下降，但污染物排放量仍居高不下，2012 年，全国废水中化学需氧量排放量 2423.7 万吨，废气中二氧化硫排放量 2117.6 万吨。中国生态环境保护任重道远。

树立科学发展观

本世纪初，中国共产党和中国政府通过总结改革开放以来经济社会发展的得失，汲取世界各国现代化建设的经验教训，分析新世纪新阶段中国发展面临的条件、情况和大势，提出了以科学发展观统领经济社会发展全局的战略思想。

科学发展观，第一要义是发展，核心是以人为本，基本要求是全面协调可持续，根本方法是统筹兼顾。

——发展就是坚持以经济建设为中心，聚精会神搞建设，一心一意谋发展，不断解放和发展社会生产力。

——以人为本就是要把全体人民的利益放在第一位，以促进人的全面发展为中心，实现全体人民的愿望、满足全体人民的需要、维护全体人民的利益。

——全面协调可持续发展就是要推进经济、政治、文化和社会建设，实现经济发展与人口资源环境相协调，使整个社会走上生产发展、生活富裕、生态良好的文明发展道路，

——统筹兼顾就是要正确认识和妥善处理中国现代化建设中的重大关系，做到总揽全局、统筹规划。

由此，中国转变发展观念、创新发展模式、提高发展质量，努力实现经济社会又好又快的发展，取得了积极成效。中国坚持将环境保护和生态建设作为一项基本国策，积极应对全球环境领域面临的共同问题，努力建设环境友好型社会，建设美丽中国。

坚持加强和改善宏观调控，加快经济结构调整和自主创新。针对经济运行中投资增长过快、货币信贷投放过多、外贸顺差过大等发展

中突出问题，中央政府采取了一系列宏观调控措施。通过采取加强土地控制，加强货币信贷管理，加强财政、税收对经济运行的调节，以及加强房地产市场调控和监管等措施，避免了经济大起大落；着力优化产业结构，制定并实施了钢铁、煤炭、水泥等 11 个行业结构调整的政策措施，淘汰落后生产能力。大力发展服务业，提升工业层次和水平，推进国民经济和社会信息化。加快发展高新技术产业，振兴装备制造业，积极发展可再生能源，有序发展替代能源。实施国家重大科技专项，努力攻克事关国计民生和国家安全的核心关键技术。加强基础研究、前沿技术研究和社会公益研究。

坚持节约优先、立足国内、多元发展、保护环境的能源战略，构筑稳定、经济、清洁的能源供应体系，努力建设资源节约型社会。坚决实行最严格的土地管理制度。中国能源供应主要立足国内，多年来自给率一直保持在 90% 以上。

更加重视节能降耗、保护环境和节约集约用地。完善节能降耗、污染减排政策，普遍建立节能减排目标责任制。积极推进重点行业、

新疆乌鲁木齐风力发电站

重点企业和重点工程的节能工作，开展循环经济试点。完善并严格执行能耗和环保标准，坚决淘汰落后生产能力，加快节能环保技术进步。

近年来中国各级政府做了大量工作，加大污染治理和环境保护力度。2006 年至 2010 年间，关停小火电机组 7682.5 万千瓦，淘汰落后炼铁产能 12000 万吨、炼钢产能 7200 万吨、水泥产能 3.7 亿吨等，在关闭造纸、化工、纺织、印染、酒精、味精、柠檬酸等重污染企业方面都取得积极进展。

中国把节约能源作为一项重大战略，大力发展循环经济，努力以最小的资源消耗实现发展。从 2006 年起，GDP 单位能耗由前几年的上升转为下降，2012 年、2013 年，分别下降 3.6%、3.7%。中国坚持能源多元化发展战略，有序发展煤炭，积极发展电力，实行油气并举。近年来，国家大力发展风能、生物能、太阳能、地热能和海洋能等新能源和可再生能源，优质清洁能源消费的比重逐步上升。中国已提出到 2020 年，使可再生能源在能源结构中的比重从 7% 提高到 16% 左右。

2012 年 4 月中旬，湖北宜昌市首个垃圾填埋气发电站——黄家湾垃圾填埋场填埋气发电项目建成通过验收，即将并网输电。

在推进经济发展的同时，中国采取一系列措施加强环境保护。国家坚持预防为主、综合治理，强化从源头防止污染和保护环境，充分运用法律、经济、技术和必要的行政手段保护环境；坚持全面推进、重点突破，着力解决危害人民健康和影响可持续发展的突出环境问题；坚持保护优先、开发有序，以控制不合理的资源开发活动为重点，强化对自然资源的生态保护；坚持资源节约，积极倡导环境友好的消费方式，不断培育促进环境友好的社会氛围；坚持把污染防治与生态保护相结合，努力改善生态环境质量。

中国的环境保护工作取得了积极进展。目前，环境污染和生态破坏加剧的趋势减缓，部分流域污染治理初见成效，部分城市和地区环境质量有所改善，工业产品的污染排放强度有所下降，全社会环境保护意识进一步增强。城市空气质量总体趋于好转。2011 年，在监测的 330 个城市中，有 293 个城市空气质量达到二级以上（含二级）标准，占监测城市数的 88.8%。主要污染物排放总量逐年下降。2012 年化学需氧量、二氧化硫排放量分别比上年下降 3.05% 和 4.52%。林业生态建设稳步发展，荒漠化和沙化整体扩展的趋势得到初步遏制。目前，全国森林面积达到 2.08 亿公顷，森林覆盖率达 21.63%，保持上升；但湿地总面积有所减少，目前为 5360.26 万公顷，湿地受威胁压力加大。

国家坚持实施区域发展总体战略，统筹兼顾、合理规划、发挥优势、落实政策，促进区域协调发展。西部大开发扎实推进，巩固和发展退耕还林、退牧还草成果，实施天然林保护、防沙治沙等重点生态工程。振兴东北老工业基地工作顺利展开，加大产业结构调整力度，加强商品粮基地建设，加快旧城改造。促进中部地区崛起的政策开始实施，加强粮食生产能力和能源、原材料、交通运输体系建设。东部地区率先发展取得新成就，产业结构继续优化，自主创新能力和国际竞争力增强。

努力构建和谐社会

在中国这样一个人口众多、发展不平衡的大国进行现代化建设，必须按照民主法治、公平正义、诚信友爱、充满活力、安定有序、人与自然和谐相处的总要求，以解决全体人民最关心、最直接、最现实的利益问题为重点，着力发展社会事业、促进社会公平正义、建设和谐文化、完善社会管理、增强社会创造活力、走共同富裕道路，推动社会建设与经济建设、政治建设、文化建设协调发展。

针对中国社会发展的实际和存在的一些影响社会和谐的矛盾和问题，中国提出了构建社会主义和谐社会的重大战略思想。到 2020 年，构建社会主义和谐社会的目标和主要任务是：社会主义民主法制更加完善，依法治国基本方略得到全面落实，人民的权益得到切实尊重和

12.4 法制宣传日来临之际，山东聊城大学生命科学学院志愿者们走进聊城市金柱大学城在建工地，开展“关注社会，普法先行”宣传活动。

保障；城乡、区域发展差距扩大的趋势逐步扭转，合理有序的收入分配格局基本形成，家庭财产普遍增加，人民过上更加富足的生活；社会就业比较充分，覆盖城乡居民的社会保障体系基本建立；基本公共服务体系更加完备，政府管理和服务水平有较大提高；全民族的思想道德素质、科学文化素质和健康素质明显提高，良好道德风尚、和谐人际关系进一步形成；全社会创造活力显著增强，创新型国家基本建成；社会管理体系更加完善，社会秩序良好；资源利用效率显著提高，生态环境明显好转；实现全面建设十几亿人口的更高水平的小康社会的目标，努力形成全体人民各尽其能、各得其所而又和谐相处的局面。

近年来，中国中央政府和各级地方政府采取各种有力举措，在构建和谐社会方面迈出重要步伐。

在教育事业发展方面，中国政府坚持把教育放在优先发展的战略地位，加快各级各类教育的发展，总的布局是，普及和巩固义务教育，加快发展职业教育，着力提高高等教育质量。中央政府财政对教育、

广西融安县大坡乡中心小学食堂，学生们在排队领取免费营养午餐。

卫生和文化事业的投入逐年增长。2007 年，中国在全国农村免除义务教育阶段的学杂费；从 2008 年开始，则在全国范围内全面免除城市义务教育阶段学生学杂费。此项政策惠及全国 2.59 万所城市中小学的 2821 万学生，每位学生每年可免交 190 元至 350 元不等的费用。中国正在深化教育综合改革，积极稳妥改革考试招生制度，努力为下一代提供良好的教育，使每一个孩子有公平的发展机会。

在卫生事业发展方面，中国着眼于建设覆盖城乡居民的基本卫生保健制度。积极推行新型农村合作医疗制度，2013 年末，全国 2489 个县（市、区）实施了新型农村合作医疗制度，新型农村合作医疗参合率达 99.0%。同时加快建设以社区为基础的新型城市卫生服务体系。国家已启动大病统筹为主的城镇居民基本医疗试点，政府向经济困难者提供必要的资助。2012 年，中央财政安排医疗卫生支出 2048.2 亿元。2013 年，政府共资助 1229.3 万城市困难群众参加医疗保险，资助

2013 年 11 月 28 日，陕西省宁强县完全托管形式的县镇一体化试点医院——宁强县天津医院（2008 年汶川地震后由天津市对口援建）青木川分院挂牌成立。

4132.5 万农村困难群众参加新型农村合作医疗。中国正在推动医改向纵深发展，通过改革整合城乡居民基本医疗保险制度，城乡居民基本医保财政补助标准将提高到人均 320 元。县级公立医院综合改革试点扩大到 1000 个县，覆盖农村 5 亿人口。

在就业和社会保障方面，国家进一步完善和落实就业和再就业扶持政策，多渠道开发就业岗位，积极支持自主创业和自谋职业。经过多年努力，国有企业下岗职工基本生活保障向失业保险并轨基本完成。全面推行劳动合同制度，保障劳动者合法权益。加强社会保障体系建设，2012 年中央财政安排社会保障和就业支出 5753.73 亿元，进一步完善了就业和社会保障制度体系。继续完善企业职工基本养老保险制度，加快建立适合农民工特点的社会保障制度。完善城乡社会救助体系，社会救助体系框架基本建立，健全城市居民最低生活保障制度、城乡医疗救助制度、城市生活无着的流浪乞讨人员救助制度。

在推进城乡协调发展方面，自 2006 年起在全国范围内取消了农业税和农业特产税，终结了延续 2600 多年农民种地交税的历史，并对种

山西省太原市就业介绍服务中心推行"一卡式"社会保障卡，为就业人员提供方便。

粮农民进行补贴，使农业连年增产。加大对农村基础设施建设的投入，农村水利、道路、电网、通信、安全饮水、沼气等建设加快。多渠道增加农民收入，努力增加种养业、林业收入，积极发展农村二三产业，大力推进农业产业化经营。

在司法体制建设方面，努力从制度上保障审判机关和检察机关依法独立公正地行使审判权和检察权，更好地维护人民的民主权利和合法权益，维护社会的公平与正义。死刑核准权统一收归最高人民法院行使，死刑案件办理程序进一步完善。审判公开、检务公开进一步深化，健全了对诉讼活动的检察监督机制，特别是对司法工作人员渎职行为的监督机制。建立起统一的司法鉴定管理体制。

2007 年 10 月召开的中国共产党第十七次全国代表大会，再一次明确提出了到 2020 年实现全面建设小康社会的奋斗目标。到 2020 年全面建设小康社会目标实现之时，中国这个历史悠久的文明古国和发展中的社会主义大国，将成为工业化基本实现、综合国力显著增强、国内市场总体规模位居世界前列的国家，成为人民富裕程度普遍提高、生活质量明显改善、生态环境良好的国家，成为人民享有更加充分民主权利、具有更高文明素质和精神追求的国家，成为各方面制度更加完善、社会更加充满活力而又安全团结的国家，成为对外更加开放、更加具有亲和力、为人类文明作出更大贡献的国家。

2012 年 11 月召开的中国共产党第十八次全国代表大会，提出确保到 2020 年实现全面建成小康社会宏伟目标。十八大报告重申，中国将在中国共产党成立一百年时全面建成小康社会，在新中国成立一百年时建成富强民主文明和谐的社会主义现代化国家，在中国特色社会主义道路上实现中华民族伟大复兴，创造中国人民和中华民族更加幸福美好的未来。

中国共产党第十八次全国代表大会

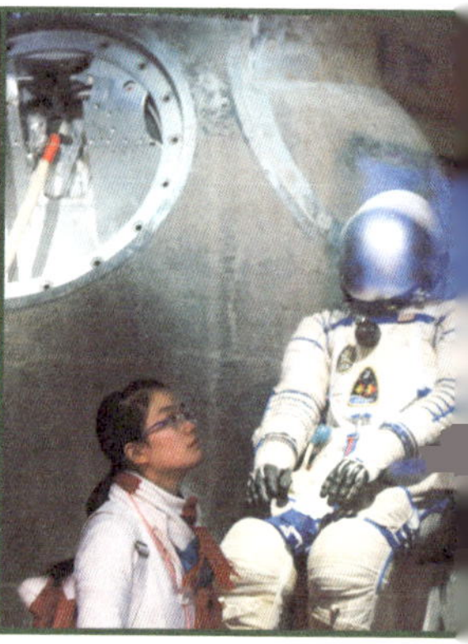

美好中国梦

中华文明对人类发展作出过重要贡献。自近代以来，中华民族遭受的苦难之重、付出的牺牲之巨大，在世界历史上都是罕见的。实现中华民族伟大复兴，成为一代代中华儿女的夙愿和为之奋斗的目标。带领全国人民实现这一目标是历史赋予中国共产党人的重大使命。

中国人民选择了中国特色社会主义道路。中共十八大报告提出，在中国共产党成立一百年时全面建成小康社会，在新中国成立一百年时建成富强民主文明和谐的社会主义现代化国家。这两个百年目标，是中国未来的奋斗目标，体现了国家富强、民族振兴、人民幸福的“中国梦”。

中国梦是和平、发展、合作、共赢的梦，与各国人民的美好梦想息息相通。中国梦将中国复兴与世界进步融为一体，成为连接中国与世界的重要纽带。

两个百年目标

1987 年 8 月，邓小平在会见意大利客人时指出：“我国经济发展分三步走，本世纪走两步，达到温饱和小康，下个世纪用三十年到五十年时间再走一步，达到中等发达国家的水平。这就是我们的战略目标，这就是我们的雄心壮志。”后来，这个目标在全党、全社会形成共识。从中共十四大到十八大，这个目标不断充实。

21 世纪来临前召开的中共十五大勾勒出“新三步走”战略目标：到 2010 年，实现国民生产总值比 2000 年翻一番，使人民的小康生活更加宽裕，形成比较完善的社会主义市场经济体制；到建党一百年（即 2021 年）时，使国民经济更加发展，各项制度更加完善；到 21 世纪中叶建国一百年（即 2049 年）时，基本实现现代化，建成富强民主文明

1987 年 8 月 29 日，邓小平会见意大利共产党领导机构成员、众院议长约蒂（左一），宾主在摄影灯的映照下交谈。

的社会主义国家。2002 年 11 月，中共十六大又新增奋斗目标：21 世纪头 20 年国内生产总值比 2000 年翻两番、全面建设更高水平的小康社会；到本世纪中叶基本实现现代化，把中国建成富强民主文明的社会主义国家。2007 年 10 月，中共十七大提出了本世纪前 20 年人均国内生产总值比 2000 年翻两番、全面建设小康社会的任务。

到 2010 年，“新三步走”的第一步战略目标已圆满实现，中国经济总量跃升到世界第 2 位。2012 年 11 月，中共十八大指出，将在中国共产党成立一百年时全面建成小康社会，在新中国成立一百年时建成富强民主文明和谐的社会主义现代化国家。由此，中国未来数十年的复兴梦想具体化为“两个一百年”的总规划、总追求。

中华民族的伟大复兴，不是回到曾经有过的辉煌，而是在新的历史条件下重新在世界民族之林中占有辉煌地位，其核心就是中国的现代化。邓小平借用传统，给这个“中国式的现代化”起了一个名字“小康”。“小康”一词出自古老的中国经典《诗经》，历史上所说的“小康”，是一种理想的社会模式，是一种安乐和谐的社会。所谓“小康社会”，指的是个“大社会”，经济、政治、文化等无所不包。

2000 年 10 月，中共十五届五中全会曾宣布，中国已经实现了现代化建设的前两步战略目标，人民生活总体上达到了小康水平。但是，这个“小康”还只是低标准、偏重于物质消费、发展不均衡的小康。中共十六大提出，全面建设惠及十几亿人口的更高水平的小康社会，使经济更加发展、民主更加健全、科教更加进步、文化更加繁荣、社会更加和谐、人民生活更加殷实。中共十七大提出到 2020 年，人均国民生产总值要比 2000 年翻两番，区别于十六大提出的国民生产总值翻两番的设想，意味着中国的发展速度必须更快，并且经济增长要以优化结构和提高效益为基础，节能减排、推进人与自然和谐的目标被强化。中共十八大则提出，确保到 2020 年实现全面建成小康社会宏伟目标，在发展平衡性、协调性、可持续性明显增强的基础上，实现国内生产总值和城乡居民人均收入比 2010 年翻一番。可以说，中国关于“小康社会”的标准在不断提高，关于“两个一百年”的目标在不断明确和推进。

再有不到 10 年，中国共产党的奋斗将满百年；再有不到 40 年，新中国将迎来百年诞辰。相关监测结果显示，到 2010 年，全国全面建设小康社会的实现程度达到 80.1%，比 2000 年提高 20.5 个百分点，其中经济发展方面的进展最为突出。从人均水平看，根据世界银行的报告，2010 年中国的人均国民总收入为 4260 美元，首次超过世界银行当年界定的中高收入（upper middle income，UMC）国家 3976 美元分界线，进入中上收入经济体行列。这种发展速度是举世瞩目的。人们没有理由怀疑，中国将实现“两个一百年”的发展目标，将中华民族伟大复兴的梦想变成现实。

内涵丰富的中国梦

2012 年 11 月中共新一届领导集体上任以来，“中国梦”迅速成为解读中国发展趋势的关键词。中国领导人习近平在国内国际多个场合，结合不同工作内容就“中国梦”的具体内涵、奋斗目标、总体布局、实现路径等进行了系统阐释。可以说，“中国梦”中容纳了比“小康社会”更丰富的内容，凝聚了几代中国人的夙愿，体现了中华民族和中国人民的整体利益。如今，“中国梦”已成为在中国妇孺皆知、在国际上引发广泛关注的一个词汇。

近日，英国最大的广告和公关集团 WWP 集团发布《中国梦的力量与潜力》调查报告，认为“中国梦”的吸引力未来可超越“美国梦”。中国梦正在成为激励中国人发奋前行的精神动力和共同愿景，在理论探讨和具体实践中，人们赋予了这一概念丰富而深刻的内涵。

2012 年 11 月，习近平在参观“复兴之路”展览时谈到“中国梦”时指出：“现在，大家都在讨论中国梦，我以为，实现中华民族伟大复兴，就是中华民族近代以来最伟大的梦想。这个梦想，凝聚了几代中国人的夙愿，体现了中华民族和中国人民的整体利益，是每一个中华儿女的共同期盼。”2013 年 4 月，他在博鳌亚洲论坛 2013 年年会上作主旨演讲时再次指出：“我们的奋斗目标是，到 2020 年国内生产总值和城乡居民人均收入在 2010 年的基础上翻一番，全面建成小康社会；到本世纪中叶建成富强民主文明和谐的社会主义现代化国家，实现中华民族伟大复兴的中国梦。”“我们也认识到，中国依然是世界上最大的发展中国家，中国发展仍面临着不少困难和挑战，要使全体中国人民都过上美好生活，还需要付出长期不懈的努力。我们将坚持改革开放不动摇，牢牢把握转变经济发展方式这条主线，集中精力把自己的事情办好，不断推进社会主义现代化建设。”

《复兴之路》展览中，航天员杨利伟穿过的航天服吸引众多市民驻足欣赏。

“人民对美好生活的向往，就是我们的奋斗目标”。2012 年 11 月 15 日，在新一届中央政治局常委媒体见面会上，中共中央总书记习近平近 20 分钟的讲话，说的最多的是人民，份量最重的是民生。他讲话中的这一段尤其引人关注：“我们的人民热爱生活，期盼有更好的教育、更稳定的工作、更满意的收入、更可靠的社会保障、更高水平的医疗卫生服务、更舒适的居住条件、更优美的环境，期盼着孩子们能成长得更好、工作得更好、生活得更好。”2013 年 3 月 17 日，新当选的中国国家主席习近平在十二届全国人大一次会议闭幕会上，向全国人大代表发表自己的就任宣言，在将近 25 分钟的讲话中，他 9 次提及“中国梦”，44 次提到“人民”。他所列举的“十个更好”，直指中国民众最关心的话题：教育、就业、收入分配、医疗、住房……这些都是民生领域的关键词，“十个更好”是对民生关切的积极回应，具体而明确地向人民描绘了未来的幸福生活图景。这也正是“中国梦”为中国人勾勒的未来社会建设的美好愿景。

中国梦的基本内涵就是国家富强、民族振兴、人民幸福。

经过 60 多年的努力，中国取得了辉煌的发展成就，社会生产力、综合国力、人民生活水平大幅度跃升。但同时，中国仍然是世界上最大的发展中国家，正处于经济社会发展的关键时期和改革开放的攻坚阶段；既面临难得的历史机遇，也面临诸多可以预见和难以预见的风险挑战。在这个阶段，中国人民追求国家富强、民族振兴、人民幸福的愿望强烈而迫切，实现中国梦的动力强大。

中国梦的最大特点是将国家、民族和个人作为一个命运的共同体，把国家利益、民族利益和每个人的具体利益都紧紧地联系在一起。中国梦是“个人梦”和“家国梦”的交织体，个人梦想的实现离不开家国梦的支撑。在实践中，中国各行业梦、各地结合其具体情况，提出了各自的中国梦。比如，为了实现自己的中国梦，中国年青一代正努力将“中国制造”升级为“中国创造”，以提升中国品牌的国际影响力。

2013 年 3 月 17 日，北京，十二届全国人大一次会议举行闭幕会。

北京人定湖公园内的音乐爱好者

中国梦是追求幸福的梦，是中华民族的梦，是每个中国人的梦，同时也是为世界作贡献的梦。带着民族复兴的中国梦，中国又站在新的历史起点。

中国梦也属于世界。中国在谋求自身的发展中，也促进各国共同发展，在追求本国利益时，也兼顾他国合理关切，坚持把本国人民利益同世界各国人民利益结合起来，以更加积极的态度参与国际事务，共同应对全球性挑战。

“五位一体”的发展蓝图

2012 年 11 月 8 日，中共中央总书记胡锦涛代表十七届中央委员会向中共第十八次代表大会作了题为《坚定不移沿着中国特色社会主义道路前进为全面建成小康社会而奋斗》的报告，指出：建设中国特色社会主义，总依据是社会主义初级阶段，总布局是五位一体，总任务是实现社会主义现代化和中华民族伟大复兴。所谓“五位一体”，指的是经济建设、政治建设、文化建设、社会建设、生态文明建设五个方面协调发展，为全面建成小康社会、实现“中国梦”提供强有力的保障。这个五位一体的建设总布局，纳入和突出了了生态文明建设，成为中国未来发展的一张脉络分明的蓝图，标志着中国的现代化建设进入新的历史阶段。

2012 年 11 月 14 日，中国共产党第十八次全国代表大会在北京人民大会堂胜利闭幕。

这个五位一体的总布局是一个有机整体，其中经济建设是根本，政治建设是保证，文化建设是灵魂，社会建设是条件，生态文明建设是基础。只有坚持五位一体建设全面推进、协调发展，才能形成经济富裕、政治民主、文化繁荣、社会公平、生态良好的发展格局。落实这个发展蓝图，对中国共产党和全体中国人民提出了更高的要求。

经济建设。在过去的 30 多年里，中国经济保持快速增长，是世界经济同期年均增长率 3% 的 3 倍多，即使在 2009 年国际金融危机冲击下仍保持高速增长。在推动民族伟大复兴的征程中，中国始终将提高人民生活水平作为核心目标。截至 2012 年，中国城乡居民人均可支配收入分别从 1949 年的不足百元和不足 50 元，提高到 24500 多元和 7900 多元；城镇和农村居民食品消费支出占消费总支出的比重分别为 36.2% 和 39.3%，比 1978 年改革开放启动时分别降低了 21 个百分点和 28 个百分点，人民生活发生了根本性的改变。2012 年 11 月召开的中

2013 年 6 月 26 日，内蒙古四子王旗主着陆场，神十回收舱被吊上汽车。

共十八大和同年底召开的中央经济工作会议都把“加强民生保障，提高人民生活水平”作为重要工作。中国将致力于进一步改善人民的生活水平，努力让全中国人民共享改革开放和社会主义现代化的成果。

政治建设。实现人民民主是中国共产党和中国人民始终不渝的奋斗目标。为切实保证人民能够当家作主，中国确立人民代表大会制为国家的根本政治制度，始终坚持和完善多党合作和政治协商制度，探索形成了在民族问题上实行统一的多民族国家中的民族区域自治制度，积极推进基层民主自治建设，广大民众的参与意识、权利意识、自主意识等不断增强。目前，在农村，实行村民会议或村民代表会议制度，制定村民自治章程或村规民约，建立了民主理财、财务审计、村务管理等制度，探索出了公推直选、两推一选等基层选举的有效方式，保证广大农民的民主权利。在城市，以完善城市居民自治，建设管理有序、服务完善、环境优美、文明祥和为目标的新型社区正在全国建立。

2013 年 10 月 18 日，重庆市永川区永荣镇子庄村党总支换届选举大会在村会议室举行。

文化建设。文化是民族的血脉，是人民的精神家园。近年来，人们日益认识到文化对社会进步与发展的重要推动作用，认识到文化软实力的巨大价值。全面建成小康社会，实现中华民族伟大复兴，必须推动文化发展繁荣，提高国家文化软实力，发挥文化引领风尚、教育人民、服务社会、推动发展的作用。国家对公共文化事业的投入不断加大。据统计，“十一五”期间（2006—2010），全国文化事业费总计达 1220.41 亿元，是“十五”时期（2001—2005）的 2.46 倍。“十二五”规划（2011—2015）更是将文化建设作为提高国家软实力的重要途径。近年来，文化产业发展迅速，对国民经济增长的贡献不断上升。中国的非物质文化遗产保护事业起步较晚，但是发展非常迅速，现在已经步入世界先进行列。在世界文化遗产申报和保护方面，中国现在也已位居世界前列。

在文化交流方面，中国大力推动对外文化交流，增强中国文化的海外影响力。目前中国已经和世界上 160 多个国家和地区建立了

2014 年 4 月，戏曲爱好者在南通伶工学社欣赏越剧流派演唱会的精彩演出。

良好的文化交流关系。全球孔子学院的广泛设立和汉语热的兴起，也意味着中国文化国际影响力的不断增强。

社会建设。对于中国这样一个经济社会快速发展的人口大国来说，社会管理的任务异常艰巨而繁重。经过长期探索和实践，目前中国已经构建起比较完善的社会管理组织网络，制定了社会管理基本法律法规，推行网格化管理、信息化平台等具有时代性和实效性的新经验、新成果，有力地维护了社会大局的和谐稳定。

中国把改善民生列为国家工作的重要内容，积极推进教育事业发展，积极探索建立与社会主义市场经济体制相适应的社会保障制度。2002—2012年，全国共实现城镇新增就业1亿多人。与此同时，中国政府不断深化医疗卫生体制改革，目前中国的基本医疗保险制度已覆盖超过12亿人口。2012年，中共十八大提出了“学有所教、劳有所得、病有所医、老有所养、住有所居”的“五个有”目标，致力于让人民

湖北武汉一公共自行车智能租还车服务站点的公租自行车

过上更好的生活。十八大后，一项项惠及民生的好政策相继出台，比如流动人口子女异地高考方案、居民收入倍增计划等。截至2013年2月，全国已有25个省份调整最低工资标准，平均增幅20.2%。同时，酝酿已久、备受关注的收入分配制度改革方案出台，城镇保障性安居工程建设加速发展，这些保证了广大民众安居乐业。

生态文明建设。生态文明是人类对传统文明形态特别是工业文明进行深刻反思的成果，是人类文明形态和文明发展理念、道路和模式的重大进步。它与中国传统文化中人与自然、人与人、人与社会和谐共生的理念也是契合的。中国在加强经济建设的同时，将环境治理与生态建设放在特别重要的位置。2012年11月，中共十八大报告指出，建设生态文明，是关系人民福祉、关乎民族未来的长远大计；中国将把生态文明建设放在突出地位，努力建设美丽中国，实现中华民族永续发展。这些提法得到社会各界的强烈共鸣，理念的进步大大推动了实践的步伐。中国正逐渐告别“黑色发展”，走上绿色发展之路。从十七大到十八大的10年间，从巴厘岛到哥本哈根、德班，历届气候大会上，中国带头许下并切实履行绿色发展的庄严承诺，中华民族对子孙、对世界负责的精神也将越来越得到各国人民的认同和赞赏。

改革再出发

进入 21 世纪以来，中国延续了良好的发展势头，战胜各种风险、困难和挑战，取得一系列新的历史性成就，综合国力、国际竞争力、国际影响力显著提高。但与此同时，国内外环境发生极为广泛而深刻的变化，中国发展面临一系列突出矛盾和挑战：发展中不平衡、不协调、不可持续问题依然突出，科技创新能力不强，产业结构不合理，发展方式依然粗放，城乡区域发展差距和居民收入分配差距依然较大，社会矛盾明显增多，教育、就业、社会保障、医疗、住房、生态环境、食品药品安全、安全生产、社会治安、执法司法等关系群众切身利益的问题较多，部分群众生活困难，形式主义、官僚主义、享乐主义和奢靡之风问题突出，一些领域消极腐败现象易发多发，反腐败斗争形势依然严峻，等等。中国的发展进入一个新阶段，改革进入攻坚期和深水区，一连串的难题期待破解。中国能否实现顺利转型，跨越所谓“中等收入陷阱”，面临许多考验。要解决这些问题，关键在于全面深化改革。

2013 年 11 月，中共十八届三中全会作出《中共中央关于全面深化改革若干重大问题的决定》。决定提出了中国全面深化改革的思路和方案，从长远来看，这个《决定》对中国个人、社会、国家和世界都会产生深远影响。有媒体评论说，这次全会的历史任务与定位十分清楚，就是要将“改革尚未成功”的改革继续下去，“开放尚未彻底”的开放继续下去。

1992 年，邓小平在南方谈话中说：“不坚持社会主义，不改革开放，不发展经济，不改善人民生活，只能是死路一条。”正是从历史经验和现实需要的高度，中共中央强调，实践发展永无止境，解放思想永无止境，改革开放也永无止境，停顿和倒退没有出路，改革开放只有进行时、没有完成时。这个全会决定凝聚了全党全社会关于全面深化改革的思想共识和行动智慧，其所涉及的重大问题和重大举措包括：

第一，关于使市场在资源配置中起决定性作用和更好发挥政府作用。这是这次全会决定提出的一个重大理论观点。经济体制改革仍然是全面深化改革的重点，经济体制改革的核心问题仍然是处理好政府和市场关系。作出这一定位，有利于转变经济发展方式、转变政府职能和抑制消极腐败现象。

第二，关于坚持和完善基本经济制度。

第三，关于深化财税体制改革。这次全面深化改革，财税体制改革是重点之一。主要涉及改进预算管理制度，完善税收制度，建立事权和支出责任相适应的制度等。

第四，关于健全城乡发展一体化体制机制。要全面建成小康社会、加快推进社会主义现代化，必须解决城乡发展不平衡不协调这一重大问题。

第五，关于推进协商民主广泛多层制度化发展。

第六，关于改革司法体制和运行机制。这些年来，群众对司法不公的意见比较集中，司法改革是这次全面深化改革的重点之一。

第七，关于健全反腐败领导体制和工作机制。反腐败问题一直是党内外议论较多的问题。全会决定对加强反腐败体制机制创新和制度保障进行了重点部署。

第八，关于加快完善互联网管理领导体制。

第九，关于设立国家安全委员会。

第十，关于健全国家自然资源资产管理体制和完善自然资源监管体制。以此解决中国生态环境保护中存在的一些突出问题。

第十一，关于中央成立全面深化改革领导小组。中共中央成立全面深化改革领导小组，负责改革总体设计、统筹协调、整体推进、督促落实。

不难看出，这个决定形成了中国改革理论和政策的一系列新的重大突破，对当前中国面临的重大和紧迫问题作出了系统改革部署。

十八届三中全会之后，中国从中央到地方反应迅速，出台了一系列经济体制和其他领域的改革措。据初步统计，截至 2014 年 1 月，中共中央、国务院、中央和国家机关有关部门已出台改革性文件 100 余份，省区市党委和政府已出台 200 余份改革性文件，并且许多文件和政策很快得以落实。新一届政府成立以来，取消和下放的行政审批事项达到约 400 项。

近日，国务院正式发布《国务院关于印发注册资本登记制度改革方案的通知》，部署在全国范围内实施注册资本登记制度改革，工商登记制度其他改革也将逐步展开。根据通知，中国将放宽注册资本登记条件，实行认缴登记制，大大降低了开办公司的“门槛”，以此激发社会创业积极性，发挥市场决定性作用。事实证明，改革试点地区市场主体呈现“井喷”式增长。比如在广东深圳，新登记市场主体同比增长 130%，其中私营企业增长势头最为迅猛。

中国迎来了又一个改革开放的春天，面对未来，破解发展面临的各种难题，化解来自各方面的风险和挑战。《中共中央关于全面深化改革若干重大问题的决定》及其实施，既充分体现了中共新一届领导集体对改革难度的预见，同时又宣示了其解决困难的决心，正如习近平总书记 2014 年 2 月 7 日在接受俄罗斯电视台专访时所表示的：“在中国这样一个拥有 13 亿多人口的国家深化改革，绝非易事。中国改革

2013 年 9 月 13 日，中国电信与阿里巴巴达成战略合作，将在云计算、移动互联网、数据中心等领域深化战略合作，以开放合作创新共促信息消费。

经过 30 多年，已进入深水区，可以说，容易的、皆大欢喜的改革已经完成了，好吃的肉都吃掉了，剩下的都是难啃的硬骨头。这就要求我们胆子要大、步子要稳。胆子要大，就是改革再难也要向前推进，敢于担当，敢于啃硬骨头，敢于涉险滩。步子要稳，就是方向一定要准，行驶一定要稳，尤其是不能犯颠覆性错误。”

BOAO FORUM FOR
ASIA
oao Forum For Asia Annual
博鳌亚洲论坛201

ШОС2012

Welcome All Friends
中国
to Visit

经济全球化时代的中国与世界

1978年改革开放前的中国，经济上基本自给自足，与世界经济体系相脱离。实行改革开放政策以来，中国顺应经济全球化的发展趋势，坚持走和平发展道路，既充分利用和平与发展的国际环境来发展自己，又通过自身的发展来维护世界和平，促进共同发展。

当代中国与世界的关系发生了历史性变化，中国的前途命运日益紧密地同世界的前途命运联系在一起。

中国已成为当今国际体系的参与者、维护者和建设者，在国际事务中发挥着重要作用。作为一个负责任的发展中大国，中国致力于与各国一道建设一个持久和平、共同繁荣的和谐世界。

加入经济全球化进程

各国间经贸关系日益密切是过去几十年间的一个基本趋势。1950年全球贸易依存度是5%，现在则超过50%，可以说，除了个别国家外，世界各国都卷入了世界分工和贸易体系之中，对外贸易成为世界各国经济增长的重要发动机。

美国兰德公司亚太政策中心负责人威廉·奥韦霍尔特对中国与日本加入经济全球化进程有过如下评论："尽管姗姗来迟，中国却以远比日本更加热情的姿态加入全球化体系。中国经济的开放程度远超日本。"（《中国与全球化》）改革开放和经济全球化使中国与世界的联系更加紧密，贸易依存度总体快速提高。1978年，中国对外贸易依存度仅为10%，1994年达到42%，此后几年略有起伏，2002年又达到

北京商务中心区（CBD）

43%，2006 年则达到历史最高水平 67%。近年来，中国经济发展模式由外需拉动向内需驱动转变，外贸依存度持续回落，但仍然保持较高水平，2013 年，中国的外贸依存度接近 46%。外贸依存度保持高水平，反映了中国参与经济全球化的程度不断提高。

中国的对外开放水平已迈上新台阶，国际化程度不断提高。2011 年，是中国加入世界贸易组织 10 周年。美国前贸易代表巴尔舍夫斯基评价说，“中国在过去十年里发生了举世无双、史无前例的变化。”这 10 年里，中国已成为全球最开放的市场之一。中国入世承诺全部履行完毕，适时调整和改革经济体制，修订完善相关法律法规，全面融入世界经济体系。中国关税总水平由 15.3% 降至 9.8%，远低于发展中国家平均水平；在 WTO 分类的 160 多个服务部门中，中国服务贸易开放部门达到 100 个，接近发达国家水平。

中国是国际多边贸易体制的参与者和建设者，积极参与全球及区域经济合作进程，并发挥建设性作用。中国积极参与世界贸易组织、国际货币基金组织、世界银行、亚洲开发银行等多边和区域经济合作

加入世贸组织 10 年，中国对外开放水平迈上新台阶

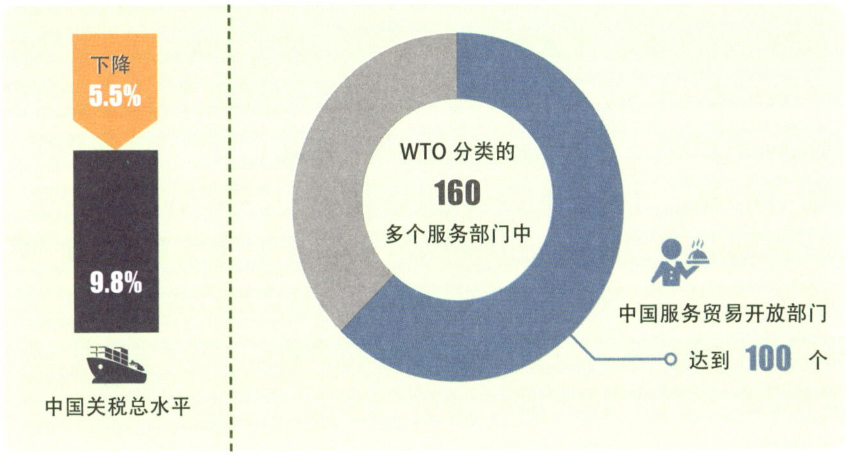

2014 年 4 月 11 日，2014 博鳌亚洲论坛分论坛探讨央行的职责、目标和危机处理。

组织活动，并参与八国集团、十二国集团对话，加强与主要经济体的宏观政策协调和金融、外汇、产业、贸易、能源等领域的对话。中国还以发展中国家身份积极参与国际多边贸易体制和国际经济规则制定，并发挥建设性作用。

中国重视区域双边经济合作机制作用。中国参加的上海合作组织、亚太经济合作组织、亚欧会议、东盟与中日韩（“10 + 3”）、大湄公河次区域合作、亚太贸易协定等区域经济合作机制下的贸易投资便利化谈判已取得了积极进展。通过中国 – 东盟（“10 + 1”）合作、中非合作论坛、中阿合作论坛、中国 – 加勒比经贸合作论坛、中国 – 太平洋岛国经济发展合作论坛等活动，中国与有关国家和地区加强区域经济合作步伐。目前中国与有关国家和地区已累计建立了 160 多个双边经贸合作机制，签订了 150 多个双边投资协定，与美、欧、日、英、俄等均建立了经济高层对话。

中国与有关国家和地区不断加快自由贸易区建设，拓宽合作领域，提高合作水平。中国与五大洲的28个国家和地区建设了15个自贸区，已签署10个自贸协定。2010年，中国与10个自贸伙伴（包括东盟、巴基斯坦、智利、新加坡、新西兰、秘鲁、哥斯达黎加、香港和澳门地区、台湾地区）的双边贸易额占同期中国进出口总额的26.3%。

给世界带来新的发展机遇

“历史上没有任何一个国家能够像中国那样在过去 30 年中保持如此令人眼花缭乱的经济增长率。”这是 2007 年 9 月 29 日英国《经济学家》杂志一篇文章对中国经济快速发展的评论。自 1978 年以来，中国经济增长率年均近 10%，远远超过日本和当年亚洲“四小龙”（韩国、新加坡、香港、台湾）经济起飞时期的增长率。近年来，世界经济进入深度转型和调整期，尚未形成新的增长点；中国为提高经济增长质量，积极进行经济结构调整。由此，中国经济增长放缓，以从根本上解决经济长远发展问题。即便如此，近两年中国经济增长速度仍保持在 7.8%、7.7% 的高水平。

中国的发展是世界的发展的一个重要组成部分，中国的发展与全人类的共同利益息息相关。不断发展壮大的中国对世界其他国家的重要性也越来越大。

中国的发展对全球贸易增长起到了积极的拉动作用。2007 年，中国经济对世界经济的贡献率已从 1978 年的 2.3% 上升到 19.2%，超过美国，位居世界第一。 2013 年，中国经济增长对全球经济增长的贡献将近 30%，大大高于中国占全球经济规模的比重，发挥了超过中国经济规模的带动力。

从 2001 年中国加入世界贸易组织以来，中国平均每年进口 7500 亿美元以上的商品，相当于为贸易伙伴创造了 1400 多万个就业岗位。

2013 年，中国进口继续保持增长，货物进口总额达到 19504 亿美元，比上年增长 7.3%。其中，从欧盟进口 2200 亿美元，增长 3.7%；从东盟国家进口 1996 亿美元，增长 1.9%；从韩国进口 1831 亿美元，增长

中国发展对全球贸易增长的拉动作用

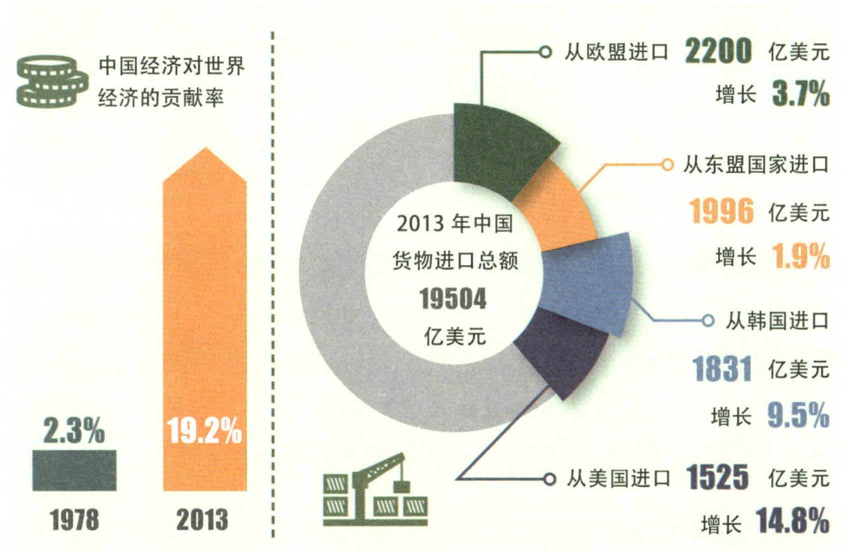

8.5%；从美国进口 1525 亿美元，增长 14.8%。另外，2013 年中国全年服务进口 3291 亿美元，比上年增长 17.5%。

中国进口规模的快速增长，为其他国家提供了广阔的市场。美国美中贸易全国委员会发布报告称，2000 年至 2011 年，美国对华出口增加了约 880 亿美元，仅次于同期美国向加拿大出口增加的 1020 亿美元，超过美国向墨西哥的 860 亿美元的出口。代表可口可乐、宝洁等 240 多家知名企业的该商会组织在报告中说："对华出口攸关美国经济健康，并为美国创造良好的工作机会。中国是美国的第三大出口市场，并继续为美国企业提供增长机会。"中国已成为美国产品的广阔市场。可口可乐在中国的销售量多年保持两位数的增长，通用、福特汽车公司在中国销售了大量别克、福特汽车。美国还向中国出口电气设备、机械、计算机和交通运输设备等众多产品。

同时，中国逐年增加的出口，也为许多国家的消费者提供了物美价廉的商品，不仅满足了进口国广大消费者的需求，提高了进口国居民的实际收入水平，而且也有助于进口国保持经济的稳定。中国制造的生活用品，切实地改善了美国人生活，特别是那些不富裕的美国人。受惠于来自中国物美价廉的商品，美国消费者在2001年后的10年节省开支6000多亿美元，欧盟每个家庭每年则节省开支300欧元。

物美价廉的中国产品也使一些国家的通货膨胀率维持在较低水平，进而延长了经济的上升周期。联合国工业发展组织总干事坎德赫·尤姆凯拉指出，中国的贸易驱动型增长对其他发展中国家产生了一种“涓滴效应”。中国高效的生产系统也使得消费者能够以承受得起的价格获得各种消费品，间接提高了发展中国家消费者的购买力，从而产生减轻贫困的效应。

2011年11月，中国石化与百胜集团签署全国合作框架协议，宣布百胜集团将通过中国石化拥有的全国范围内的加油站、高速公路服务区等开设肯德基、必胜客等品牌餐厅。

中国的外汇储备有相当一部分购买了美国等西方国家的国债，这有助于缓解美国等国的财政赤字的压力。

中国参与经济全球化，为全球产业结构优化拓展了空间，促进了各国经济互补，成为世界经济保持活力的一个重要因素。在开放和融入世界市场的过程中，中国以自己的市场和其他要素为世界提供机遇与财富源泉，推动了世界分工体系、价格体系和供求体系的改变，促进了经济结构的优化与升级。“中国因素”在世界经济中发挥着积极作用。

中国的发展为国际资本提供了广阔市场，在中国投资得到了积极回报。中国巨大的基础设施建设市场使许多外国公司获得大量商机。2001 年至 2011 年，在华外商投资企业累计汇出利润 2617 亿美元，年均增长 30%。

2011 年 5 月，iPad 2 在中国内地市场正式销售，北京西单苹果直营店前，排队购买的顾客人山人海。

随着中国企业实力的发展壮大，中国的对外投资也在不断增加。中国对外直接投资规模由 2002 年的 27 亿美元增至 2011 年的 746.5 亿美元，年均增长 26.9%。截至 2011 年底，中国对外直接投资存量 4247.8 亿美元，共设立境外企业 1.8 万家，资产总额累计近 2 万亿美元。2012 年，中国境内投资者共对全球 141 个国家和地区的 4425 家境外企业进行了直接投资，累计实现非金融类直接投资 772.2 亿美元；2013 年，这项投资数额达到 902 亿美元，比上年增长 16.8%。2011 年，中国企业境外纳税超过 220 亿美元，同比增长 88.7%，雇佣当地员工 88.8 万人，员工本地化率 72.8%。中国在海外的投资不仅促进了发展中国家的经济增长，为一些发达国家提供了新的就业机会，而且还挽救了一些濒临绝境的企业。

截至 2011 年底，中国公民出境旅游目的地国家和地区达到 140 个。2013 年，中国内地居民出境人数达到 9819 万人次，其中因私出境

2013 年 10 月 22 日，在广西桂林召开的第七届联合国世界旅游组织 / 亚太旅游协会旅游趋势与展望国际论坛上，世界旅游组织执行主任马修·法维拉表示：2012 年，中国以 7800 万的出境游人数成为全球最大客源市场，今后 5 年，中国出境旅游总人数有望突破 4 亿人次。

9197万人次，比上年增长19.3%。中国已超越美国和德国，成为全球最大出境游客源地。到2015年，中国出境游人数将突破1亿人次，而在2000年时，这个数字仅为1047万。2000—2012年期间，中国游客境外旅游消费增长了8倍，2012年达到1020亿美元。中国也已成为世界第一大国际旅游消费国，对全球旅游经济的贡献度达到13%。

中国开展对外经贸合作有着巨大潜力和美好前景。到2020年，中国市场规模和总需求将比2000年翻两番。在这一过程中，世界各国都能从与中国的互利合作中找到自己的发展机遇和巨大商机，这将对拉动世界经济增长产生重要的积极作用。

中国已成为世界第二大经济体。2013年，中国GDP已达到9.43万亿美元，人均GDP接近7000美元；中国货物贸易进出口总额跃居世界第二位，并成为世界第一出口大国、第二进口大国以及主要利用外资和对外投资国。到2020年左右，中国综合国力将再上一个新台阶，国际竞争力进入世界前10—15位。预计2005—2020年，按平价购买力计算，中国对世界新增GDP贡献率将为37%。未来的中国，将继续给世界带来更多发展机遇。

一个负责任的发展中大国

截至 2011 年 7 月底，中国已与 172 个国家建立了外交关系。目前，中国与 230 多个国家和地区有经贸往来，参加了 130 多个政府间国际组织，加入了 27 项国际人权公约，签署了 300 多项国际条约。在国际事务中，中国既享有广泛的权利，也承担了相应义务，是国际社会的重要一员。

中国是当今国际体系的参与者、维护者和建设者。

——参与联合国事务并维护联合国权威。中国是旧金山制宪会议发起国，是联合国创始会员国，也是第一个签署《联合国宪章》的国家，为联合国诞生作出了突出贡献。自 1971 年中国恢复在联合国的合法席位以来，中国积极参与联合国各领域工作，不断深化与联合国的合作，

2013 年 12 月 4 日晚，中国首批赴马里维和部队先遣队 135 名官兵抵达巴马科国际机场。

切实履行自己的国际义务，坚持捍卫《联合国宪章》的宗旨和原则。作为联合国安理会常任理事国，中国全面参与联合国安理会工作，努力维护安理会的权威和作用，推动通过协商、对话、谈判等和平手段解决地区热点问题，支持联合国秘书长开展斡旋、调解等预防性外交。中国为安理会成功处理两伊战争、柬埔寨、东帝汶等一系列问题发挥了建设性作用。中国支持联合国进行全方位、多领域的必要、合理改革，主张联合国应该始终朝着有利于维护《联合国宪章》的宗旨和原则、有利于会员国团结、有利于会员国整体和长远利益的方向发展。中国支持联合国在国际反恐和防扩散领域的主导和协调作用，支持联合国部署维和行动，积极推动在联合国框架内解决地区冲突。中国广泛参与联合国在人权、发展、司法、环境保护、文化交流等各领域的国际对话和合作。

——参与全球能源安全和环境保护合作。中国积极加强双边和多边能源合作，重视与国际社会共同维护世界能源安全，近年来，在能源开发、利用、技术、环保、可再生和新能源等方面，中国与有关国际组织和国家积极开展对话与合作。中国统筹国内发展和对外开放，积极参与世界石油天然气等资源的开发和合作，在开放的格局中维护能源安全。中国与联合国环境规划署等十多个国际政府间组织、非政府组织开展了有效合作，中国已参加了 50 多项涉及环境保护的国际条约，并切实开展履约工作。中国与美国、日本、加拿大、俄罗斯等 40 多个国家签署了双边环境保护合作协议或谅解备忘录，与欧盟、阿拉伯国家联盟等建立了环境合作机制，并帮助非洲国家开展环境保护能力建设。中国以负责任和积极的态度参与区域环境保护，建立了中日韩三国环境部长会议机制，启动大湄公河次区域环境合作机制，以及东盟与中国（“10 + 1”）和东盟与中日韩（“10 + 3”）机制下环境合作。

——致力于加强国际军控、裁军和防扩散合作。中国一贯主张全面禁止和彻底销毁核武器。中国自拥有核武器之日起就郑重声明，在

2013 年 6 月 30 日，第 14 届东盟与中日韩（10+3）外长会议在文莱举行。

任何时候任何情况下都不首先使用核武器，不对无核国家使用或威胁使用核武器。中国对发展核武器始终采取极为克制的态度，核武库规模始终保持在自卫所需的最低水平。中国从未在国外部署核武器。中国是《全面禁止核试验条约》的首批签署国之一，自 1996 年 7 月起暂停核试验，并一直恪守承诺。中国坚定支持《禁止生物武器公约》和《禁止化学武器公约》的实施，忠实履行公约义务。中国主张和平利用外空，推动国际社会采取切实行动有效防止外空武器化和外空军备竞赛。中国坚决反对大规模杀伤性武器及其运载工具的扩散，积极参与国际防扩散进程。中国已参加了防扩散领域的所有国际条约和相关国际组织，并与其他国家和有关多国出口控制机制积极开展交流合作，推动通过对话和合作，以和平方式解决防扩散相关问题。中国不断完善涵盖核、生物、化学、导弹等相关敏感物项和技术及所有军品的完备的出口管制法规体系，建立跨部门防扩散出口管制应急协调机制，加大执法力度。

——努力维护周边和地区安全稳定。中国以实际行动寻求睦邻互信，促进双边合作和地区安全合作，推动完善地区安全对话合作机制。

2012 年 12 月 4 日，上海合作组织成员国总理第十一次会议在吉尔吉斯斯坦首都比什凯克开幕。

本着公认的国际关系准则及平等协商、互谅互让的精神，中国妥善解决与邻国的边境问题，化解争端，促进稳定。经过与有关国家的共同努力，中国已与 12 个陆地邻国签订边界条约，解决了历史遗留的边界问题。中国与印度、不丹边界问题的解决正在朝着积极方向发展。中国与有关邻国签署一系列旨在促进双边互信的协定，与东盟签署旨在维护南海稳定、开展南海合作的《南海各方行为宣言》，与菲律宾、越南在南海地区共同开发方面取得突破性进展。中国以更加主动务实的姿态积极发展与大国的军事关系，加强与周边国家军事交往，深化与发展中国家的军事交流。通过加强高层互访，巩固双边友好合作基础；通过开展战略磋商和对话，增进相互沟通与信任；通过扩大利益汇合点，增强相互依存，避免对抗，努力实现共同安全稳定。

——积极推进地区安全对话和合作。在中国与东盟合作、东盟与中日韩合作、上海合作组织、亚欧会议、东盟地区论坛、亚洲合作对话等区域和跨区域机制中，发挥建设性作用。在上海合作组织框架内，中国与上海合作组织成员国全面加强防务安全合作，建立包括元首、总理、外长、国防部长会晤在内的多层次、宽领域合作机制，启动上海合作组织秘书处和地区反恐怖机构，倡议建立互信、互利、平等、相互尊重的新型全球安全架构。中国高度重视东盟地区论坛的作用，并对论坛的健康发展提出建设性主张，多次在论坛框架内，承办或合办有关非传统安全领域的研讨会。中国作为域外大国率先加入《东南亚友好合作条约》，为中国同东盟国家的和平友好注入了新活力。中国积极参与海上搜救、打击海盗、打击制贩毒品等非传统安全领域的地区合作。

——参与处理全球和地区热点问题。主张通过谈判、对话等政治和外交手段解决国际争端，促进各国共同安全。在朝鲜半岛核问题上，中国始终主张对话和平解决朝核问题，实现半岛无核化，维护半岛和东北亚地区的和平与稳定。2003 年以来，中国积极开展外交斡旋，先后促成并主办中国、朝鲜、美国三方会谈和中国、朝鲜、美国、韩国、俄罗斯、日本六方会谈，推动半岛无核化。在中东问题上，中国反对

2014 年 6 月 10 日，中国外交部长王毅在北京会见韩国外交部韩半岛和平交涉本部长、六方会谈韩方团长黄浚局，就恢复朝核会谈进行讨论。

2014 年 3 月，正在刚果（金）执行维和任务的中国第十六批维和分队圆满完成了联刚稳定团赋予的 183 项工程保障、援建施工、人道援助以及 1100 多人次医疗救助任务，218 名官兵全部被授予联合国“维持和平勋章”。

任何破坏地区和平稳定的做法，与其他国家共同推动安理会一致通过第 1701 号决议，并呼吁有关各方继续在联合国有关决议和“土地换和平”原则的基础上重启和平进程，早日实现包括巴以问题在内的中东问题的全面、公正解决，实现相关国家和睦相处和地区持久和平。在伊拉克问题上，中国倡导在联合国框架内政治解决，主张维护伊拉克主权独立和领土完整，尊重伊拉克人民当家作主的愿望，并为战后伊拉克问题的妥善解决做了大量工作。在伊朗核问题上，中国支持维护国际核不扩散体系，维护中东地区的和平稳定，反对核武器扩散，主张通过外交谈判和平解决伊核问题。

——不断扩大参与联合国维和行动。自 1989 年至 2013 年，中国共参加 24 项联合国维和行动，累计派出维和官兵 2.2 万人，9 名维和官兵在执行任务中牺牲。目前，中国常年有近 2000 名官兵在世界各地联合国任务区维和。中国是联合国安理会 5 个常任理事国中派遣维和军事人员最多的国家，人数超过其他四个安理会常任理事国派出人数总和，也是缴纳维和摊款最多的发展中国家。

——积极参与全球反恐斗争。中国坚持以《联合国宪章》和其他公认的国际法准则为基础，充分发挥联合国及其安理会的领导和作用，与世界各国一道共同防范和打击恐怖主义，清除恐怖主义产生的根源，特别是在反恐情报信息交流、截断恐怖活动资金来源、引渡和遣送恐怖犯罪嫌疑人等方面加强合作，为国际反恐斗争做了大量卓有成效的工作。中国加入了《制止恐怖主义爆炸的国际公约》等 10 个反恐国际公约，签署了《制止向恐怖主义提供资助的国际公约》，认真执行联合国及其安理会通过的一系列关于反对恐怖主义问题的决议。中国倡导加强区域反恐合作，与有关国家举行联合反恐演习，探索反恐新途径，有力震慑了国际恐怖势力。

——坚持奉行防御性的国防政策。中国的国防服从和服务于国家发展战略和安全战略，旨在维护国家安全统一，确保实现现代化建设的宏伟目标。中国在经济发展的基础上推进国防和军队现代化建设，是适应世界新军事变革发展的趋势、维护国家安全和发展利益的需要。20 世纪 90 年代以来，在经济发展的基础上，为维护国家主权和安全统一，适应世界新军事变革的发展需要，中国保持了国防费的逐步增长。但是这种增长仍属于弥补国防基础薄弱的补偿性增长，是与国家经济发展相协调的增长。2013 年中国国防预算 7200 亿元人民币，比 2012 年增长 10.7%，总量位居世界第二，但仍远逊于美国。2012 年各国军费开支在 GDP 中的占比，美国为 4.35%、韩国为 2.8%、中国为 1.99%、日本为 0.99%。英国智库国际战略研究所（IISS）发布的《2014 军力平衡》报告列出了 2013 年国防预算最高的前十五个国家，美国的军费开支达到 6004 亿美元，中国军费开支为 1122 亿美元位居第二，俄罗斯为 682 亿美元名列第三。日本防务开支排第七（510 亿美元），印

2012 年各国军费开支在 GDP 中的占比

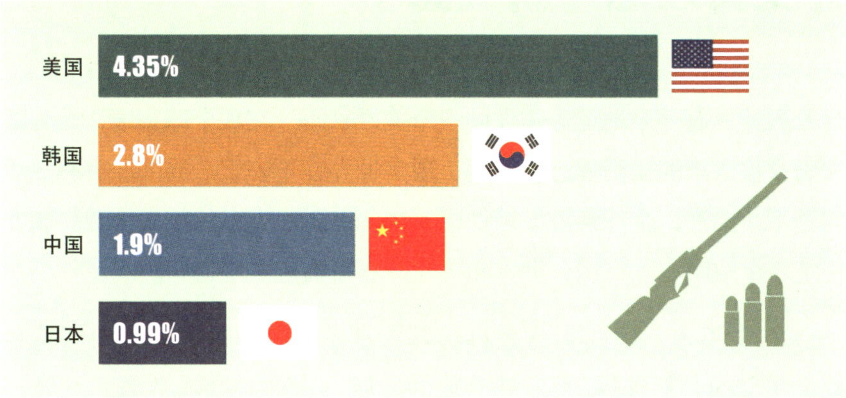

2013 年各国国防预算

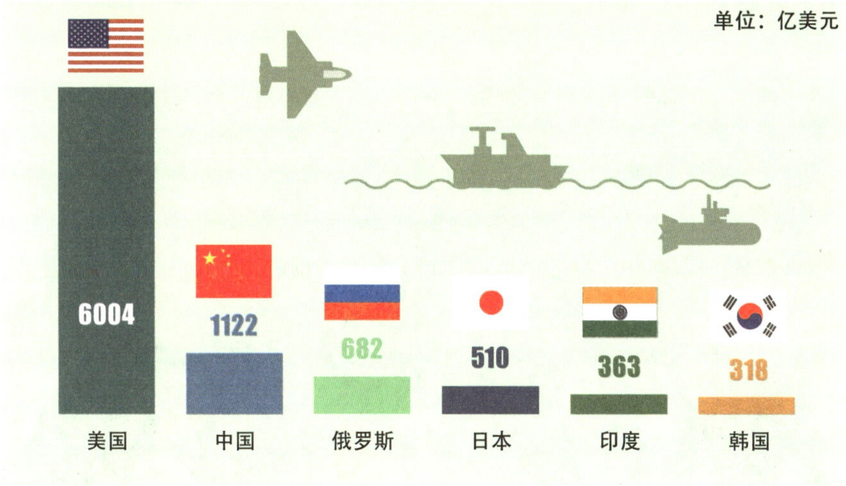

度排第九（363 亿美元），韩国排第十一（318 亿美元）。从国防费占 GDP 比重、国民人均国防费以及军人人均国防费看，中国是世界上国防费投入相对较低的国家。

外交新理念与新气象

人类只有一个地球。建设同一个美好家园，实现全球和谐，是各国人民孜孜以求的崇高理想。但是，现实世界并不安宁。局部冲突和热点问题不断出现，全球经济失衡加剧，南北差距拉大，传统安全威胁和非传统安全威胁相互交织，世界和平与发展面临诸多难题和挑战。

2012 年末，中共十八大再次郑重宣示："和平发展是中国特色社会主义的必然选择。要坚持开放的发展、合作的发展、共赢的发展。"同时，以习近平为总书记的新一届中央领导集体根据国际形势的变化和中国自身的发展大势，着眼长远利益和战略全局，推进外交理论和实践创新，提出一系列外交新理念，并开展一系列重要对外行

2014 年 6 月 5 日，中国—阿拉伯国家合作论坛第六届部长级会议在北京举行。会后，中国外交部长王毅与阿拉伯国家联盟秘书长阿拉比签署了《中国—阿拉伯国家合作论坛第六届部长级会议北京宣言》《中国—阿拉伯国家合作论坛2014 年至 2016 年行动执行计划》《中国—阿拉伯国家合作论坛 2014 年至 2024年发展规划》三份文件。

动，展示了有中国特色的大国外交新气象。中国正在创造性地实施“周边是首要，大国是关键，发展中国家是基础，多边是重要舞台”的外交战略布局。

坚持正确义利观，全力稳定和拓展周边睦邻友好关系。中国周边有接壤、不接壤及隔海相望的邻近国家约30个，其中南面邻国是11个东南亚中小发展中国家，包括东盟十国和东帝汶。东盟十国都是中国的近邻。本着“与邻为善、以邻为伴”，坚持睦邻、安邻、富邻的原则，突出体现亲、诚、惠、荣的理念，中国积极发展与东盟国家的友好合作关系。目前，中国与东盟的关系已呈现“平等互相、合作共赢”的良好发展态势。在政治领域，双方仅用10年多时间就建立了战略伙伴关系；在安全领域，双方努力通过对话增进互信，通过磋商和平解决争议，通过合作实现地区安全，签署了多项合作文件；在经济领域，双方贸易、投资和经济合作发展很快。中国—东盟自由贸易区于2010

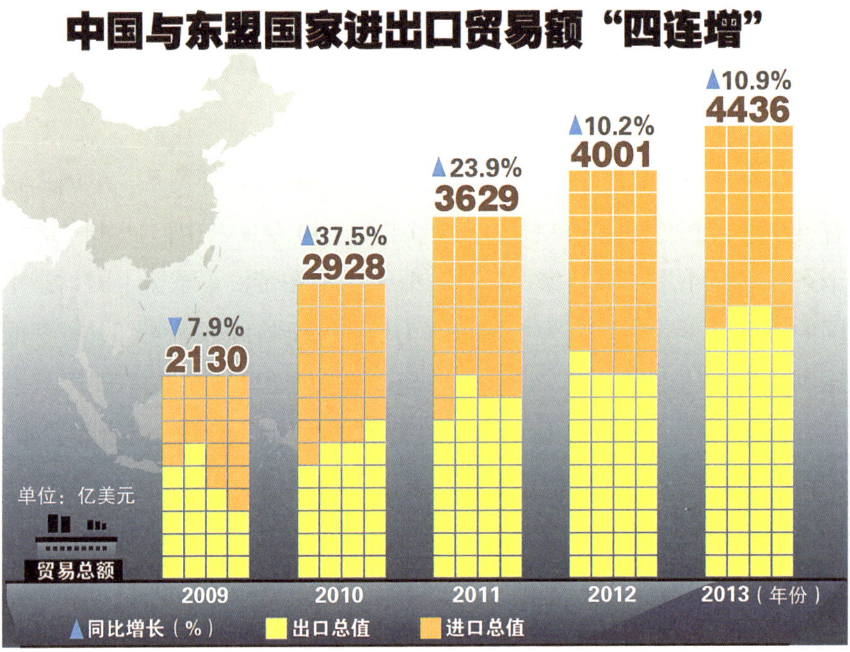

年1月1日正式启动，涵盖19亿人口，GDP超过6万亿美元，贸易额达4.5万亿美元，成为世界上由发展中国家组成的最大的自由贸易区，现正努力打造升级版；在国际和地区事务上，双方共同推进东盟与中日韩（10+3）合作、东盟地区论坛、亚洲合作对话、亚太经济合作组织、亚欧会议等区域和跨区域合作机制的健康发展。到2011年，中国—东盟建立对话关系已走过20周年，双方的战略伙伴关系前景良好。

“上海合作组织”的建立和发展，是中国致力于建设和谐周边的又一成功范例。2001年，由中国、哈萨克斯坦、吉尔吉斯斯坦、俄罗斯、塔吉克斯坦、乌兹别克斯坦六国组成的“上海合作组织”在中国上海宣告成立。上海合作组织成员国拥有地理相邻、历史相近、文化相通的得天独厚的优势，恪守和平与发展的宗旨，遵循民主原则，奉行对外开放政策，积极开展多种形式的对话、交流、合作。多年来，上海合作组织坚定不移地实践和弘扬互信、互利、平等、协商，尊重文明多样性，谋求共同发展的“上海精神”，已成为维护地区和世界和平、稳定、繁荣的重要力量。2013 年 9 月，上合组织成员国元首理事会第十三次会议在吉尔吉斯斯坦首都比什凯克举行，中国国家主席习近平发表讲话，主张弘扬互信、互利、平等、协商、尊重多样文明、谋求共同发展的“上海精神”。

努力推动主要大国关系，探索构建中美新型大国关系。中国的快速发展深刻改变了国际和地区形势。为了破解历史上“新兴大国与守成大国必然冲突”这一历史魔咒，化解国际社会对中国发展的疑虑，中共十八大提出要建立长期稳定健康发展的新型大国关系。“长期稳定健康发展”，意味着不因一时一地的偶发事件、局部事件而逆转，而是要着眼大局、立足长远。“新型大国关系”就是要在摒弃“零和”冷战思维基础上，加强战略沟通，妥善处理分歧，拓宽合作领域，实现互利共赢，促进共同发展。

当前，中美关系是国际社会普遍关心的大国关系之一，其代表性意义就在于新兴大国与守成大国之间的相处之道。2013 年 6 月，习近平主席应邀与奥巴马总统在安纳伯格庄园会晤时，提出了中美新型大国关系的三点内涵：一是不冲突不对抗，二是相互尊重，三是合作共赢，得到了奥巴马总统的积极回应。2013 年 11 月，美国总统国家安全事务助理苏珊·赖斯在《美国的未来在亚洲》的演讲中，也明确提出，要与中国“寻求实施一种新型大国关系”，通过驾驭竞争、深化合作、加强对话，提升双边关系的质量，建立一种“在竞争与合作中实现最佳平衡”的大国关系。2013 年 12 月 4 日，美国副总统拜登访华时表示，美中关系是 21 世纪最重要的双边关系，美方将积极致力于同中方一道，在相互尊重、相互信任、平等相待基础上，建设美中新型大国关系。中美还成功举行第五轮战略与经济对话，在落实两国元首共识、推进中美新型大国关系建设方面取得积极进展。

2014 年 5 月 20—21 日，亚洲相互协作与信任措施会议第四次峰会在上海举行。习近平主席在会上发表主旨讲话，强调中国将同各方一道，积极倡导共同、综合、合作、可持续的亚洲安全观，推动在亚信基础上探讨建立地区安全合作新架构，努力走出一条共建、共享、共赢的亚洲安全之路。图为与会各国领导人合影后步向会场。

在中国积极运筹和推进下，中国与其他大国关系也取得新进展和新突破。习近平担任中国国家主席后，将俄罗斯作为首次出访第一站，加强了中俄经贸、能源和战略安全合作，夯实了中俄全面战略协作伙伴关系基础。中俄在重大国际和地区问题、全球经济治理等方面保持密切协调，全面战略协作伙伴关系取得新发展，为新时期大国之间深化互信与合作树立了典范。同时，中欧合作领域进一步拓宽，相互利益交融不断加深，战略合作关系水平持续提升。中国还积极发展与发展中大国及地区大国的友好合作关系，取得明显成效。

大力加强与发展中国家的友好合作。中国领导人成功访问非洲和拉美等发展中地区，充分体现了中国对发展中国家的高度重视。2013 年习近平访问非洲期间，提出对非合作的真、实、亲、诚四字箴言，特别强调中非合作的互利共赢性质，表示中国将不折不扣落实承诺，不附加任何政治条件，重在帮助非洲国家把资源优势转化为发展优势，实现多元、自主、可持续发展。他的讲话引发非洲领导人和民众强烈共鸣，双方在传承友谊、增进互信、推进合作、共谋发展等方面取得丰硕成果。习近平访问特立尼达和多巴哥、哥斯达黎加、墨西哥，并与加勒比地区 8 国领导人举行双边会谈，落实了一批重大合作项目，提升了中国同拉美和加勒比国家的整体合作水平。

中国十分注重以自身的发展促进世界的发展，实现与各国的共同发展。多年来，中国积极推进与发展中国家的经贸关系，不断扩大互利共赢成果，广大发展中国家从与中国的合作中获得更多的发展机会和实惠。中国通过更大程度地开放国内市场，更多地进口发展中国家产品，以及为发展中国家提供生产技术帮助等方式，加强与发展中国家合作。中国政府支持有实力的中国企业在境外开展多种形式的互利共赢合作。

中国资助的发展中国家反贫困问题研修班的学员

中国在自身发展任务十分艰巨的情况下，坚持以实际行动支持发展中国家发展，逐步扩大对发展中国家的经济援助。2010 年至 2012 年，中国对外援助规模持续增长。其中，成套项目建设和物资援助是主要援助方式，技术合作和人力资源开发合作增长显著。亚洲和非洲是中国对外援助的主要地区。为促进实现千年发展目标，中国对外援助资金更多地投向低收入发展中国家。2010 年至 2012 年，中国对外援助金额为 893.4 亿元人民币，共向 121 个国家提供了援助，其中亚洲地区 30 国、非洲地区 51 国、大洋洲地区 9 国、拉美和加勒比地区 19 国、欧洲地区 12 国。此外，中国还向非洲联盟等区域组织提供了援助。中国对外援助方式主要包括援建成套项目、提供一般物资、开展技术合作和人力资源开发合作、派遣援外医疗队和志愿者、提供紧急人道主义援助以及减免受援国债务等。

深入参与和引导多边外交进程。习近平在会见国际组织领导人时强调，中国积极倡导和践行多边主义，高度重视联合国等国际组织的重要作用。中国将履行自己应尽的国际义务，在维护世界和平与安全、促进人类发展和进步，以及解决全球性问题和挑战等领域与相关国际组织深度合作。中国与重要国际组织的关系取得新的发展。2013 年 3 月，习近平主席出席在南非德班举行的金砖国家领导人第五次会晤，推进金砖国家机制建设。会晤后发表《德班宣言》和行动计划，决定建立金砖国家开发银行和外汇储备库等，为推动建立更加公正合理的国际政治经济新秩序注入强劲动力。

传统的继承与变迁

在实行改革开放政策和参与经济全球化的背景下，当代中国社会变化之剧烈、广泛和深入，是历史上未曾有过的。

今天的中国是传统中国的延续，但更是与时俱进、开拓创新的国家。中国社会的发展正处在一个转型时期，正以崭新的姿态面向未来。

社会经济成分发生变化。这一变化的一个显著特点是向多样化发展。社会主义市场经济的深入发展，使经济成份呈多样性，出现以公有制为主体、多种所有制经济共同发展的局面。同时，经济组织形式、就业方式和分配方式也出现多样化。这一切的发展也使社会利益关系日趋多样化，不同的阶层对社会发展有着不同的认识，对自身利益有着不同的诉求。

重庆，农民工在专场招聘会上找工作。

城市化进程加快促进乡村发生变化。中华古代文明是农业文明，小农经济家庭生产和生活方式决定社会价值和发展模式。现代化与城市化紧密相伴，中国现代化建设的快速发展，使城市增多且规模扩大。近年来，由于政府积极推进城镇化和产业结构升级，实施城市带动农村、工业反哺农业的发展战略，农民不再被固定在土地上。一些农民也因为城市对个人发展的机会多，生活方便，向往城市。近年来，大量的农村富余劳动力向非农产业转移，向城市流动，乡村开始萎缩。大量转移到城市的农村人口不仅为城市提供了充裕的劳动力，改善了农村经济状况，同时城市也给他们提供了更广阔的施展才能的平台，增加了经济收入，提高了生活水平。城市化带来的不仅是城乡比重的变化，更重要的是观念的变化，农民不再把土地作为惟一的依靠对象，克服了安土重迁、眷恋故土、求稳怕变的封闭、保守、平均观念，赋予了新的竞争和创造精神。

重庆市永川区仙龙镇巨龙村12个村民小组的2762名登记选民参加“巨龙村换届选举大会”，选举产生新一届村民委员会班子。

2013 年 10 月 31 日是西方传统的万圣节，在北京，南瓜灯、僵尸、吸血鬼等平日罕见的“怪物”纷纷出动，开始他们的狂欢之夜。

中国人的价值观念在发生变化。传统文化中的一些不利于进取、创新的思想正在被具有时代气息的价值观念所取代。社会的发展进步，使全体人民对时间、效率、发展以及各种生产要素的认识，对公正、正义、诚信、友爱等的理解，在价值领域有很大的进步。民主、法制、自由、平等、博爱等价值观念，为全社会所普遍接受，并为人们所努力践行。以前的中国人崇尚个性内敛，行事低调，现在人们张扬个性，创造精神空前高涨，社会充满朝气与活力。这些年来，中国人思想活动的独立性、选择性、多变性、差异性明显增强，这些对国家政治建设、文化建设提出了更高要求。

文化发展呈多样性特点。传统与现代、东方与西方，各种不同文化在当今中国比比皆是，交织影响。突出艺术家的创作个性，尊重艺术自身发展的规律，已成为人们的共识。艺术作品的消遣趣味上升，现代艺术流派纷呈，艺术与生活更加融合。文学创作逐渐大众化，作家平民化，网络文学畅销。流行音乐已成为人们生活中不

2007 年 10 月，《哈利 · 波特 7》中文版图书首发，吸引了大量的哈迷。

可缺少的内容，网络歌曲盛行一时。摇滚音乐遍地开花，传统京剧艺术得到保护和弘扬。众多的电视选秀节目人气兴旺，成为社会各方面广泛参与的电视文化活动，标志大众文化消费时代的来临。节日文化呈现多样性，传统的春节、中秋节等节日依然为大众所喜爱，同时，情人节、圣诞节等西方节日也为年轻一代所热衷。网民数量增长迅猛，有众多的博客和播客。

中国人的婚姻家庭观念也在发生重大变化。妇女参加工作，有了稳定的经济收入，使男女平等意识增强，动摇了传统中男性在家庭中的主导地位，男性权威下降。传统的中国人，对待婚姻推崇白头到老、从一而终。在今天的中国，这种情况发生了变化。近年来，中国的离婚率持续上升。离婚率的分布不均衡，一般来说，城镇高于农村，女性提出离婚的比率高于男性，年龄 30 岁以上的中青年占大部分，受过高等教育的女性为多。社会交往扩大，人口流动性增强，家庭成员个人意识和自由意识的增强，造成家庭关系不稳定，非婚姻性关系增多。传统的中国人把养育子女看得非常重要，认为膝下无子女，尤其是没有儿子，是对祖先的最大不孝。现在人们的生育观念转变了，一些年轻人为了专注事业，追求更加自由的生活，选择了丁克家庭。生育观念的转变和国家为控制人口采取的计划生育政策，使中国的生育率显著下降，人口老龄化速度加快。住房条件的改善和人口流动的加速，使家庭小型化的趋势明显。目前，中国第一代独生子女已进入婚育年龄。传统大家庭的金字塔结构，正在向反向发展。延续了数千年的家庭代际养老模式正受到前所未有的挑战。中国城乡平均家庭户人均规模，已经从 20 世纪 70 年代初的 4.8 人缩小到目前的 3.1 人。在各种家庭类型中，单身家庭、单亲家庭增长加快。

社会经济的发展，使人民生活水平大幅度提高，生活方式发生了改变。人们的消费观念在更新、消费水平在提高、消费结构在优化、

第三届北京国际顶级生活品牌博览会现场，来自 20 多个国家和地区的 300 多个国际高端品牌亮相。

北京国贸中心林立的商业大厦之间，有一片笼中足球场，附近工作的白领和老外喜欢在晚上来此踢球，缓解一天工作的疲劳和压力。

消费方式在多元化。现在的中国人也追求新潮，注重服装的款式和流行色。尤其是年轻人，与其父辈相比，他们的生活方式发生了太多的变化。老辈人因长期生活在物资贫乏的年代，养成了艰苦朴素的生活习惯，而超前消费、品牌消费已成年轻人时尚，以至于一些国际顶级奢侈品公司看好中国的市场，纷纷在中国开店。许多年轻人热衷于西餐，北京、上海等大城市有来自世界各国的美味。青少年是西式快餐的拥趸，他们喜欢三五成群在肯德基、麦当劳的餐厅里过生日。一些年轻人还通过按揭购房，建立起自己的天地，结婚后不再与父母生活在一起。他们把休闲看得与工作一样重要，尽享生命之乐。

外国观察家对中国正在发生的变化有过这样的描述：

中国人民正在经历的社会调整，其程度与范围之深广，无论如何估量也不过分。但是，正因为中国愿意接受这样的调整，人类历史上还没有哪个大国人民的生活水平和工作条件，曾经历过如此迅速的改善。在改革刚开始的时候，上海的工人还都穿着同样的服装，看上去无精打采、缺乏热情，很少有人拥有电视甚至手表之类的日常用品。在农村，营养不良的现象到处蔓延。然而，今天普通的上海居民家庭轻而易举地就拥有一台以上的电视机，营养不良的现象已经绝迹。（威廉·奥韦霍尔特：《中国与全球化》）